*Para*

*Com votos de muita paz!*

___/___/___

# Daniel Dunglas Home
## *O médium voador*

# Daniel Dunglas Home: O Médium Voador
Copyright© C. E. Dr. Bezerra de Menezes

Editor: *Miguel de Jesus Sardano*

Coordenador editorial: *Tiago Minoru Kamei*

Capa: *Bruna Giudilli Cordioli*

Revisão: *Rosemarie Giudilli Cordioli*

Projeto gráfico e diagramação: *Tiago Minoru Kamei*

1ª edição - setembro de 2013 - 2.000 exemplares

2ª impressão - março de 2014 - 2.000 exemplares

Impressão: *Lis Gráfica e Editora Ltda*

Rua Silveiras, 23 | Vila Guiomar
CEP: 09071-100 | Santo André | SP
Tel (11) 3186-9766
e-mail: *ebm@ebmeditora.com.br*
*www.ebmeditora.com.br*

**Dados Internacionais de Catalogação na Publicação (CIP)**
(Câmara Brasileira do Livro, SP, Brasil)

Pugliese, Adilton Santos

Daniel Dunglas Home : o médium voador / Adilton

Santos Pugliese. -- 1. ed. -- Santo André, SP :

EBM Editora, 2013.

Bibliografia.

1. Espiritismo 2. Home, Daniel Dunglas,

1833-1886 3. Mediunidade 4. Médiuns 5. Textos -

Coletâneas I. Título.

13-01581      CDD-133.91

**Índices para catálogo sistemático**

1. Mediunidade : Espiritismo 133.91

ISBN: 978-85-64118-31-7

*(Organizador)*
*Adilton Pugliese*

# Daniel Dunglas Home
## O médium voador

*Ele desafiou as leis da Física*

Coletânea de comentários de Allan Kardec, Léon Denis, William Crookes, Alexandre Aksakof, Arthur Conan Doyle, Zêus Wantuil, Hermínio Miranda e outros escritores a respeito do famoso médium escocês do século XIX.

*Sua missão estava traçada; deveria distinguir-se entre aqueles que a Providência escolheu para revelar-nos, por meio de sinais patentes, o poder que domina todas as grandezas humanas.*

(Allan Kardec, **Revista Espírita,** fevereiro de 1858).

*Nenhum médium produziu um conjunto de fenômenos mais surpreendentes, nem em condições mais honestas.*

(Allan Kardec, **Revista Espírita,** setembro de 1863**).**

*Sua missão mediúnica foi bem cumprida, porque as suas faculdades excepcionais serviram para demonstrar, cabalmente, a sobrevivência da alma, com toda dignidade, sem precauções interesseiras. Tendo posto, portanto, as suas faculdades mediúnicas a serviço do Bem e da Verdade, Home conquistou, na gratidão dos espíritas, um lugar bem alto, porque foi, sem qualquer dúvida, um dos maiores médiuns de todos os tempos.*

(Deolindo Amorim, **Recordando Deolindo II,** p.50).

*Confirmando de modo insofismável a existência de forças espirituais invisíveis, o médium Home amanhou milhares de mentes para que pouco depois pudessem aceitar a semente da Doutrina dos Espíritos, em vias de formação.*

(Zêus Wantuil – **As Mesas Girantes e o Espiritismo,** p. 309).

*Tais foram as testemunhas e tal o seu trabalho.*

*(...) Chega o momento em que ele será reconhecido pelo que realmente foi – um dos pioneiros do lento e árduo avanço da Humanidade na selva da ignorância, que tanto a retardou!*

(Sir Arthur Conan Doyle, **História do Espiritismo,** p. 186).

# Sumário

**Prefácio**.......... *15*

**Apresentação**.......... *17*

**Dedicatória**.......... *25*

**Agradecimentos**.......... *27*

**PRIMEIRA PARTE**
**Citações a respeito de Daniel Dunglas Home**
**nas obras de Allan Kardec**.......... *29*

**Capítulo I – Revista Espírita** (1858).......... *31*

    Janeiro – Manifestações Físicas.......... *32*

    Fevereiro – Sr. Home – primeiro artigo.......... *34*

    Março – Sr. Home – segundo artigo.......... *42*

    Abril – Sr. Home – terceiro artigo.......... *48*

    Maio – O falso Home.......... *54*

    Junho – Teoria das Manifestações Físicas.......... *58*

**Capítulo II – O Livro dos Médiuns** (1861).......... *61*

**Capítulo III – Revista Espírita** (1862)........... *65*

    Agosto – Morte da Srª. Home........... *66*


**Capítulo IV – Revista Espírita** (1863)........... *69*

    Março – Variedades (O Sr. Home em Paris)........... *70*

    Setembro – Notas bibliográficas – Revelações
sobre minha vida sobrenatural, por
Daniel Dunglas Home........... *72*


**Capítulo V – Revista Espírita** (1864)........... *79*

    Fevereiro – O Sr. Home em Roma........... *80*

    Março – O Sr. Home em Roma – conclusão........... *88*

    Agosto – Os milagres de nossos dias........... *90*


**Capítulo VI – A Gênese** (1868)........... *93*


**SEGUNDA PARTE**

**Citações a respeito de Daniel Dunglas Home**

**em obras de outros escritores**........... *95*


**Capítulo I** – Léon Denis (1846-1927) – Comentários no
livro **No Invisível**........... *97*


**Capítulo II** – I. G. Edmonds (?-?) – Comentários
no livro **D.D.Home: O Homem que Falava com
os Espíritos**........... *101*

**Capítulo III** – Sir Arthur Conan Doyle (1859-1930) – Comentários no livro **História do Espiritismo**.......... *123*

**Capítulo IV** – Robert Dale Owen (1801-1872) – Comentários no livro **Região em Litígio entre este Mundo e o Outro**.......... *151*

**Capítulo V** – William Crookes (1832-1919) – Comentários no livro **Fatos Espíritas**.......... *157*

**Capítulo VI** – Alexandre Aksakof (1832-1903) – Comentários no livro **Animismo e Espiritismo**.......... *169*

**Capítulo VII** – Hermínio C. Miranda (1920-) – Comentários no livro **Sobrevivência e Comunicabilidade dos Espíritos**.......... *173*

**Capítulo VIII** – Zêus Wantuil (1924 - 2011) – Comentários no livro **As Mesas Girantes e o Espiritismo**.......... *217*

**Capítulo IX** – Carlos Imbassahy (1883-1969) – Comentários no livro **O Espiritismo à Luz dos Fatos**.......... *223*

**Capítulo X** – Hernani Guimarães Andrade (1913-2003) – Comentários no livro **A Transcomunicação Através dos Tempos**.......... *225*

**Capítulo XI** – Deolindo Amorim (1906-1984) – Comentários no livro **Relembrando Deolindo - II**.......... 231

**Capítulo XII** – Antônio César Perri de Carvalho – Comentários no **Anuário Espírita de 1979** do IDE.......... 239

**Capítulo XIII** – Outros Comentários.......... 245

**Capítulo XIV** – Síntese biográfica cronológica de Daniel Dunglas Home.......... 249

**Referência Bibliográfica**.......... 255

**Bibliografia Complementar acerca do Médium Daniel Dunglas Home**.......... 259

# *Prefácio*

Ver para Crer.

É o que diz o velho refrão. A mediunidade, que se apresenta no palco da vida com muitos nomes e facetas, faz parte da História da Humanidade. O jovem médium Daniel se destaca nesse cenário rico de fatos inusitados, que poderiam até ser catalogados como "milagres", uma vez que desafia as leis da física clássica. Todavia, na visão Espírita, todos os fenômenos considerados milagres estão enquadrados nas leis naturais. Assim os prodígios ou milagres de todos os tempos são fatos explicados pela Ciência Espírita. Nada acontece fora das leis da natureza. Nem Jesus derrogou as leis divinas e a ignorância dessas leis gera a crendice. Se Daniel fosse militante católico provavelmente seria canonizado como santo, pelos prodígios produzidos por sua mediunidade, como ocorreu com Tereza D'Avila, São João da Cruz e tantos outros. A verdade é que Daniel Dunglas Home abalou a sociedade de sua época, com as sessões de efeitos físicos, abalou inclusive Napoleão. Daniel Dunglas Home tem sua biografia nas principais enciclopédias universais, como a Britânica que anotou: "Considerado um enigma, mas nunca foi apanhado fraudando".

O autor e organizador deste livro, Adilton Pugliese, é dotado de muito bom-senso e foi muito feliz nas pesquisas que desenvolveu para elaborar a presente obra. Alguém experiente, integrado na Equipe de Divaldo Franco, o consagrado médium e tribuno baiano.

O médium Daniel foi contemporâneo de Kardec e dele obteve especial atenção durante os anos de 1858 a 1869, através de artigos e citações na Revista Espírita, publicação mensal do Codificador, até sua desencarnação em 31 de março de 1869.

A leitura da presente obra vem enriquecer o cabedal dos estudiosos interessados na busca da verdade, caminho de libertação da consciência humana.

O autor e a EBM não têm a pretensão de convencer ou converter ninguém, mas passar informações sérias e importantes que receberam a opinião favorável e valiosa de tantos cientistas e sábios, conforme você vai constatar no decorrer da leitura da obra. Uma coisa é certa: Nem todos precisam ver para crer, como disse Jesus: "Bem-aventurados os que não viram, mas creram". FELIZ LEITURA.

Miguel Sardano
Editor.
Santo André, 14 de junho de 2013.

# *Apresentação*

Este livro não é propriamente uma biografia, mas, podemos dizer uma coletânea de "fatos informativos" acerca do médium Daniel Dunglas Home, nascido na Escócia em 15 (segundo Allan Kardec) ou 20 (segundo outros biógrafos) de março de 1833 e desencarnado em 21 de junho de 1886.

Daniel Dunglas Home obteve especial atenção de Allan Kardec, Codificador do Espiritismo, durante os anos de 1858 a 1869, através de artigos e citações na **Revista Espírita,** por ele publicada a partir de 01 de janeiro de 1858.

Também em **O Livro dos Médiuns** (1861) e em **A Gênese** (1868) vamos encontrar referências de Allan Kardec ao médium D.D.Home.

A versatilidade notável da mediunidade de D.D.Home, através da vidência, da levitação, da psicocinesia, da voz direta, da premonição dentre outras faculdades colocava o médium sempre em evidência, sendo procurado por todos para realizar as famosas sessões das quais participou, o que o colocava, igualmente, sob a alça de mira dos admiradores, mas também dos críticos e dos céticos.

Certa feita, durante sua estada em Roma, na Itália, Home foi obrigado a se apresentar diante da polícia romana, sendo interrogado segundo as leis do país. O Chefe de Polícia convidou Home a deixar a cidade em três dias. O médium precisou usar da proteção das leis internacionais para manter a sua permanência em Roma.

> Era, contudo, estimado em toda a Europa e recebido por governantes para que o vissem flutuar como um passarinho, mover, sem contato, toda a mobília da casa, provocar pancadas cuja origem deixava sem palavras, mesmo os mais céticos contraditores do Espiritismo. (...) Importantíssima foi a missão desse médium junto à comunidade européia, levando a todos a prova irrefutável de que não há morte, apenas transferência de plano.[1]

*Deus me encarregou de desempenhar uma missão junto dos crentes a quem ele favorece com o* **mediumato**. (grifo do Organizador). Assim declarou o Espírito Joana D'Arc no capítulo XXXI – "Dissertações Espíritas", item XII de **O Livro dos Médiuns**, tendo sido essa denominação incluída por Allan Kardec no "Vocabulário Espírita" constante do capítulo XXXII desse livro e definida como "Missão providencial dos médiuns".[2]

Podemos, sem embargo, caracterizar o médium Daniel Dunglas Home nessa condição de portador da mediunidade missionária,

---

[1] Luiz Gonzaga, PINHEIRO, *Mediunidade – homens e fatos que fizeram história*, p.105 e 107.

[2] Allan, KARDEC, *O Livro dos médiuns*, p.462 e 487.

(...) cuja tarefa era convencer àqueles que sentiam dificuldades de aceitação pelas letras ou palavras, mas que se deixavam tocar pelo que viam. Mesmo tentando liberar-se dessa missão, o que fez quando esteve em Roma, aceitando, nessa ocasião a fé católica e sentindo-se, por força dessa decisão, na obrigação de romper relações com o mundo espiritual, sua capacidade de produzir os fenômenos jamais o abandonou.[3]

Durante a sua existência Home foi pesquisado pelo sábio inglês, prêmio Nobel de Química em 1907, Sir William Crookes (1832-1919). Após os fenômenos ocorridos com as irmãs Fox, a partir de 1848, vários médiuns começaram a demonstrar variados fenômenos como materializações, levitação e outros, quando, então, o famoso sábio, descobridor em 1861 do elemento químico tálio, resolveu investigar o espiritualismo. Inicialmente cético passou a convencer-se da autenticidade dos fenômenos quando realizou experiências com o médium Daniel Dunglas Home. Interessante é que a expectativa da comunidade científica da época era que Crookes rejeitasse a realidade dos fenômenos, mas o seu depoimento concordante abalou seus pares.

Os fenômenos observados pelo professor William Crookes estão presentes em sua obra **Researches into the Phenomena of Spiritualism**, que foi vertido para o português com o título **Fatos Espíritas Observados por William Crookes e Outros Sábios**, durante os anos de 1870 a 1873, e que foi traduzido por Oscar D'Argonnel e editado pela FEB – Federação Espírita Brasileira. Este livro de Crookes reúne as publicações feitas pelo pesquisador no **Quartely Journal of Science**, em 1874, que era um jornal trimestral de ciência.

---

[3] Luiz Gonzaga, PINHEIRO, *Mediunidade - homens e fatos que fizeram história*, p.106.

Daniel Dunglas Home publicou, em 1877, a sua obra **Lights and Shadows of Spiritualism (Luzes e Sombras do Espiritualismo)**, em que detalhou truques empregados por falsos médiuns. Em 1863 publicou também o primeiro volume do opúsculo **Incidents in My Life (Acontecimentos na Minha Vida)**, tendo o segundo volume sido lançado em 1872.

Consoante os comentários de Sir Arthur Conan Doyle, em sua obra citada nesta coletânea, Home encontrou-se com um dos amigos mais próximos em 1867, o jovem Lord Adare (Windham Thomas Wyndham-Quin, mais tarde o Quarto Conde de Dunraven and Mount). Adare ficou fascinado por Home e começou a documentar as sessões que eles realizavam. Uma das levitações mais famosas de Home ocorreu em uma dessas sessões no ano seguinte. Diante de três testemunhas (Adare, o Capitão Wynne, e James Ludovic Lindsay – Lord Lindsay), Home teria levitado para fora de uma janela de um quarto no terceiro andar e entrado de volta pela janela do quarto ao lado.

As sessões realizadas com D. D. Home por Lord Adare estão comentadas no seu relatório **Experiences In Spiritualism with D. D. Home (Experiências em Espiritualismo com D.D. Home)**.[4]

Home casou-se duas vezes. Em 1858 ele se consorciou com Alexandrina de Kroll, a filha de 17 anos de uma família nobre russa. Tiveram um filho, Gregoire, mas Alexandrina caiu doente com tuberculose e morreu em 1862. Em outubro de 1871, Home casou-se pela segunda vez com Julie de Gloumeline, uma rica senhora russa que conheceu em São Petersburgo. No correr dos fatos se converteu à fé grega ortodoxa. Aos 38 anos se aposentou. Sua saúde estava mal – a tuberculose, da qual ele

---

[4] http://www.wikipedia.org/danieldunglashome. Acesso em 12.11.2007.

*Daniel Dunglas Home: O Médium Voador*

tinha sofrido pela maior parte de sua vida, estava avançando – e seus poderes, ele afirmava, estavam falhando. Ele morreu em 21 de junho de 1886 e foi enterrado ao lado de sua filha no cemitério de St. Germain-en-Laye.[5]

Além dos comentários de Allan Kardec nas obras básicas do Espiritismo, que destacam episódios da vida do médium Daniel Dunglas Home, nós introduzimos neste livro textos autorizados de renomados escritores, a exemplo de Léon Denis, I.G. Edmonds, Sir Arthur Conan Doyle, Robert Dale Owen, William Crookes, Alexandre Aksakof, Hermínio C. Miranda, Zêus Wantuil, Carlos Imbassahy, Hernani Guimarães Andrade, Deolindo Amorim, Antônio César Perri de Carvalho, além de artigos publicados em revistas especializadas. São textos, alguns escritos há mais de trinta anos, a respeito do médium escocês, que buscamos resgatar nesta coletânea.

Os textos desses renomados autores, não apenas enfatizam episódios da vida do nosso médium em foco, mas, sobretudo, ressaltam emocionantes relatos de suas famosas experiências paranormais. Trata-se de depoimentos diferenciados, com relatos históricos e interpretações de cada autor, consoante o seu ponto de vista e com base em documentos pesquisados. Todos eles ressaltam episódios de destaque na vida do médium escocês. Ao reunir esses textos nesta coletânea visamos oferecer uma visão globalizada de sua vida, com opiniões e relatos em diferentes abordagens.

Em alguns dos textos acrescentamos comentários adicionais ou notas de rodapé. Em outros o conteúdo dispensa qualquer observação, ou esclarecimento.

Veremos, por exemplo, Deolindo Amorim, em seu

---

[5] http://www.espiritualidades.com.br/Artigos_D_L/Home_Daniel_biografia. htm. Acesso em 11.11.2007.

texto, apresentar suas pesquisas sobre a verdadeira grafia do nome de Daniel (Dunglas ou Douglas) e acerca do ano da sua desencarnação.

Sintetizamos o valor do médium Daniel Dunglas Home no pensamento de Sr.Webster, de Florença, Itália, que viu muito de sua atuação, citado por Sir Arthur Conan Doyle em sua obra **História do Espiritismo**(p.179): "Ele é o mais maravilhoso missionário dos tempos modernos e da maior de todas as causas, e o bem que ele tem feito não pode ser avaliado. Quando Mr. Home passa, derrama em seu redor a maior de todas as bênçãos – a certeza da vida futura".

Hermínio Miranda faz elucidativos comentários acerca dos depoimentos feitos por D.D.Home em sua obra **Lights and Shadows of Spiritualism (Luzes e Sombras do Espiritualismo)**, contra Allan Kardec, e sobre a posição contrária à reencarnação por parte do médium escocês, mas enfatiza que:

> Home foi realmente uma pessoa de excelente educação, grande desembaraço social, de conduta irrepreensível e que jamais comerciou a sua mediunidade e nem procurou fraudar fenômenos para ganhar prestígio ou dinheiro. Sua dificuldade esteve em conciliar os fenômenos que produziu com um corpo doutrinário coerente, racional e amplo como a Codificação de Allan Kardec. Todo o seu trabalho – e foi extremamente valioso – concentrou-se em comprovar a sobrevivência do Espírito. Muitos seres humanos atraiu para essa idéia redentora e, com isso, dava-se por satisfeito. De certa forma, deixou passar a sua oportunidade, naquela encarnação. Sendo contemporâneo de Kardec, não quis ouvir o chamado da Doutrina. Mas, afinal de contas, a

reencarnação, que tanto combateu sem entender, já o trouxe, segundo suspeitamos, de volta à carne, para espalhar por toda parte a palavra redentora do Espiritismo puro. O mestre lionês, a quem então não entendeu, é hoje objeto de sua profunda e respeitosa veneração; nele reconhece o mensageiro que nos trouxe a ciência e a moral, a lógica e o amor, a explicação e a esperança, contidos num só corpo doutrinário. Que mais poderia desejar o ser humano, além e acima desse breviário de paz, desse roteiro para as mansões da luz?

Graças a Deus, Daniel Dunglas Home também encontrou um dia a sua estrada de Damasco e, algo aturdido, perguntou como Saulo: – Senhor, que queres que eu faça?

E Jesus lhe mostrou a grandeza da obra e o trabalho que ela exige para expulsar, com as novas luzes, as sombras dos nossos descaminhos. [6]

Registramos, ainda, toda a bibliografia utilizada para compor a coletânea, inclusive outras fontes obtidas via *Internet*, citando o respectivo endereço eletrônico.

As "notas de rodapé" de autoria do Organizador deste livro serão identificadas com o símbolo (N.O.) (Nota do Organizador).

Adilton Pugliese

Salvador (BA), 15 de janeiro de 2011.

*Ano do sesquicentenário de* **O LIVRO DOS MÉDIUNS**

Publicado por Allan Kardec em 15 de janeiro de 1861, em Paris, França.

---

[6] Hermínio C. MIRANDA, *Sobrevivência e comunicabilidade dos espíritos,* p. 262.

# Dedicatória

*Ao médium Divaldo Pereira Franco,*
*exemplo digno da mediunidade abençoada,*
*exercida com Jesus em regime de compromisso*
*iluminativo e libertador de consciências, e*
*do verdadeiro mediunato do amor e da caridade.*

# Agradecimentos

Nossos agradecimentos às Editoras que gentilmente autorizaram as transcrições de textos de obras por elas publicadas:

Centro Espírita Léon Denis/CELD, Rio de Janeiro/RJ.

Editora Pensamento, São Paulo/SP.

Fé Editora Jornalística, São Paulo/SP.

Federação Espírita Brasileira/FEB, Rio de Janeiro/RJ.

Instituto de Difusão Espírita /IDE, Araras/SP.

# PRIMEIRA PARTE

## Citações a respeito de Daniel Dunglas Home em obras de Allan Kardec

# Capítulo I

# Revista Espírita
# (1858)

(janeiro)

## "Manifestações Físicas"

**DANIEL DUNGLAS HOME** tinha 24 anos, em 1858, quando Allan Kardec faz a primeira citação sobre o médium no exemplar de janeiro de 1858 da **Revista Espírita**, cuja publicação teria início naquele ano. O Codificador comenta artigo, então, publicado em **Le Spiritualiste de la Nouvelle-Orléans**, em fevereiro de 1857, acerca das manifestações físicas provocadas pelos Espíritos: movimento de mesas, produção de ruídos, etc. Allan Kardec comenta a existência de numerosos exemplos dessas manifestações, conforme os jornais da América, destacando que esses fenômenos:

(...) atravessaram os mares com o Sr. Home, que deles nos deu provas. É verdade que o Sr. Home não foi para o teatro para operar seus prodígios e que nem todo o mundo, pagando a entrada, pôde vê-los, por isso muitas pessoas o consideram hábil prestidigitador, sem refletir que a alta sociedade, que testemunhou esses fenômenos, não se teria prestado com benevolência a servir-lhe de patrocinador. Se o Sr. Home fosse um charlatão, não teria tido o cuidado de recusar as brilhantes ofertas de muitos estabelecimentos públicos, e teria saído com o ouro a mancheias. Seu desinteresse é a resposta mais peremptória que se pode dar a seus detratores. Um charlatanismo desinteressado seria uma insensatez e uma monstruosidade. Mais tarde falaremos detalhadamente do Sr. Home e da missão que o conduziu à França. [7]

Esses são os comentários primordiais de Allan Kardec sobre o famoso médium. E, como prometera no exemplar de janeiro da *Revue*, irá estampar na edição de fevereiro de 1858 o primeiro artigo de uma série de três acerca daquele que foi considerado *o maior médium de efeitos físicos do século XIX*. Transcreveremos, em seguida, outras citações da lavra do Codificador, a respeito do médium Daniel Dunglas Home, exaradas em edições da **Revista Espírita**.

---

[7] Allan, KARDEC, *Revista espírita,* p.38 e 39.

(fevereiro)

## "Sr. Home" (primeiro artigo de Allan Kardec) [8]

Os fenômenos realizados pelo Sr. Home produziram tanta sensação como vieram confirmar os maravilhosos relatos chegados de além-mar, a cuja veracidade se ligava uma certa desconfiança. Mostrou-nos ele que, deixando de lado a mais larga margem possível devido ao exagero, ainda ficava bastante para atestar a realidade de fatos que se cumpriam fora de todas as leis conhecidas.

Tem-se falado do Sr. Home, e de várias maneiras; confessamos que seria exigir demais que todo o mundo lhe fosse simpático, uns por espírito de sistema, outros por ignorância. Queremos até admitir, nestes últimos, uma opinião conscienciosa, visto que por si mesmos não puderam constatar os fatos; mas se, em tal caso, é permitida a dúvida, uma hostilidade sistemática e apaixonada é sempre inconveniente. Em toda relação de causa, julgar o que não se conhece é falta de lógica, e difamar sem provas é esquecer as conveniências. Por um instante, façamos abstração da intervenção dos Espíritos e não vejamos, nos fatos relatados, senão simples fenômenos físicos; quanto mais estranhos forem, mais atenção merecem. Explicai-os como quiserdes, mas não os contesteis a priori, se

---

[8] Allan, KARDEC, *Revista espírita,* p.99 a 106.

não quiserdes que ponham em dúvida o vosso julgamento. O que deve espantar, o que nos parece ainda mais anormal que os próprios fenômenos em questão, é ver esses mesmos que deblateram, sem cessar, contra a oposição de certos núcleos acadêmicos, em relação às idéias novas que continuamente lhes são lançadas na face – e isso em termos pouco comedidos – os dissabores experimentados pelos autores das mais importantes descobertas, como Fulton,[9] Jenner[10] e Galileu,[11] que citam a todo momento, eles mesmos caírem em erro semelhante, logo eles que dizem, e com razão, que até poucos anos atrás teria passado por insensato quem houvesse falado em corresponder-se de um extremo a outro da Terra em alguns segundos.

Se acreditam no progresso do qual se dizem apóstolos, que sejam, pois, coerentes consigo mesmos e não atraiam para si a censura que dirigem aos outros, negando o que não compreendem.

Voltemos ao Sr. Home. Chegado a Paris no mês de outubro de 1855, achou-se, desde o início, lançado no mundo mais elevado, circunstância que deveria ter imposto mais circunspeção no julgamento que lhe fazem, porque, quanto mais elevado e esclarecido é esse mundo, menor é a suspeita de se deixar benevolamente enganar por um aventureiro. Essa mesma posição suscitou comentários. Pergunta-se quem é o Sr. Home. Para viver neste mundo, para fazer viagens dispendiosas, diz-se é necessário ter fortuna. Se não a tem, deve ser sustentado por pessoa poderosa. Sobre esse tema levantou-se um sem-número de suposições, cada qual mais ridícula. O que não se disse de sua irmã, que ele foi buscar

---

[9] Robert Fulton (1765-1815), mecânico norte-americano. Inventor do barco a vapor. (N.O.).

[10] Edward Jenner (1749-1823), criador da vacinação contra a varíola. (N.O.)

[11] Galileu, dito Galileo Galilei (1564-1642), físico e astrônomo italiano. (N.O.)

há cerca de um ano! Comentava-se que era um médium mais poderoso que ele; que ambos deviam realizar prodígios de fazer empalidecer os prodígios de Moisés. Várias vezes nos dirigiram perguntas a esse respeito; eis a nossa resposta.

Vindo à França, o Sr. Home não se dirigiu ao público; ele não gosta e nem procura a publicidade. Se tivesse vindo com propósitos especulativos, teria corrido o país, lançando mão da propaganda em seu auxílio; teria procurado todas as ocasiões de se promover, enquanto as evita; teria estabelecido um preço às suas manifestações, contudo, nada pede a ninguém. Malgrado a sua reputação, o Sr. Home não é, pois, de forma alguma, o que se pode chamar de um homem do mundo; sua vida privada pertence-lhe exclusivamente. Desde que nada pede, ninguém tem o direito de indagar como vive, sem cometer uma indiscrição. É mantido por pessoas poderosas? Isso não nos diz respeito; tudo quanto podemos dizer é que, nesta sociedade de escol ele conquistou amizades reais e fez amigos devotados, ao passo que, com um prestidigitador, a gente paga, diverte-se e ponto final. Não vemos, pois, no Sr. Home, mais que uma coisa: um homem dotado de uma faculdade notável. O estudo dessa faculdade é tudo quanto nos interessa e tudo quanto deve interessar a quem quer que não seja movido apenas pela curiosidade. Sobre ele a História ainda não abriu o livro de seus segredos; até lá ele pertence à Ciência. Quanto à sua irmã, eis a verdade: É uma menina de onze anos, que ele trouxe a Paris para sua educação, de que está encarregada ilustre pessoa. Sabe apenas em que consiste a faculdade do irmão. É bem simples, como se vê, bem prosaico para os amantes do maravilhoso.

Agora, por que o Sr. Home teria vindo à França? Certamente não foi para procurar fortuna, como acabamos de provar. Para conhecer o país? Mas ele não o percorre; pouco sai e não tem absolutamente hábitos de turista. O motivo patente é o conselho dos médicos, que acreditam ser o ar da Europa necessário à saúde, mas os fatos mais naturais são por vezes providenciais. Pensamos, pois, que, se veio aqui é porque deveria vir.

A França, ainda em dúvida no que diz respeito às manifestações espíritas, necessitava que lhe fosse aplicado um grande golpe; foi o Sr. Home que recebeu essa missão e, quanto mais alto foi o golpe, maior a sua repercussão. A posição, o crédito, as luzes dos que o acolheram e que foram convencidos pela evidência dos fatos, abalaram as convicções de uma multidão de pessoas, mesmo entre aquelas que não puderam ser testemunhas oculares. A presença do Sr. Home terá sido, portanto, um poderoso auxiliar para a propagação das idéias espíritas; se não convenceu a todos, lançou sementes que frutificarão tanto mais quanto mais se multiplicarem os próprios médiuns. Como dissemos alhures, essa faculdade não constitui um privilégio exclusivo;[12] existe em estado latente e em diversos graus entre muita gente, não aguardando senão uma ocasião para desenvolver-se; o princípio está em nós, por efeito mesmo da nossa organização; está na Natureza; dele todos temos o germe, não estando longe o dia em que veremos os médiuns surgirem em todos os pontos, em nosso meio, em nossas famílias, entre os pobres como entre os ricos, a fim de que a verdade seja de todos conhecida, pois, segundo nos anunciaram, trata-se de uma nova era, de uma nova fase que começa a Humanidade. A evidência e a vulgarização dos fenômenos espíritas imprimirão novo curso às idéias morais, como o fez o vapor em relação à indústria. Se a vida privada do Sr. Home deve estar fechada às investigações de uma indiscreta curiosidade, há certos

---

[12] Vide *O Livro dos Médiuns,* de Allan Kardec, cap.XIV, item 159 (N.O.)

detalhes que podem, com toda razão, interessar ao público, e que são de utilidade para a apreciação dos fatos.

O Sr. Daniel Dunglas Home nasceu perto de Edimburgo no dia 15 de março de 1833.[13] Tem, pois, hoje 24 anos [Em 1858]. Descende de antiga e nobre família dos Dunglas da Escócia, outrora soberana. É um rapaz de estatura mediana, louro, cuja fisionomia melancólica nada tem de excêntrica; é de compleição muito delicada, de maneiras simples e suaves, de caráter afável e benevolente, sobre o qual o contato com os poderosos não lançou arrogância nem ostentação. Dotado de excessiva modéstia, jamais faz alarde de sua maravilhosa faculdade, nunca fala de si mesmo e se, numa expansão de intimidade, conta coisas pessoais, é com simplicidade que o faz e jamais com ênfase própria das pessoas com as quais a malevolência procura compará-lo. Diversos fatos íntimos, de nosso conhecimento pessoal, provam seus sentimentos nobres e uma grande elevação de alma; nós o constatamos com tanto maior prazer quanto se conhece a influência das disposições morais sobre a natureza das manifestações.

Os fenômenos dos quais o Sr. Home é instrumento involuntário por vezes têm sido contados por amigos muito zelosos com um entusiasmo exagerado, do qual se apoderou a malevolência. Tais como são, não necessitam de amplificação, mais nociva do que útil à causa. Sendo nosso fim o estudo sério de tudo quanto se liga à ciência espírita, fechar-nos-emos na estrita realidade dos fatos por nós mesmos constatados ou por testemunhas oculares mais dignas de fé. Podemos, assim, comentá-los com a certeza de não estar raciocinando sobre coisas fantásticas.

O Sr. Home é um médium do gênero dos que produzem

---

[13] Outros biógrafos citam a data de 20 de março de 1833. Vide capítulo XII deste livro (N.O.)

manifestações ostensivas, sem, por isso, excluir as comunicações inteligentes; contudo, as suas predisposições naturais lhe dão para as primeiras uma aptidão mais especial. Sob sua influência, ouvem-se os mais estranhos ruídos, o ar se agita, os corpos sólidos se movem, levantam-se, transportam-se de um lugar a outro no espaço, instrumentos de música produzem sons melodiosos, seres do mundo extracorpóreo aparecem, falam, escrevem e, freqüentemente, vos abraçam até causar dor. Na presença de testemunhas oculares, muitas vezes ele mesmo se viu elevado no ar, sem qualquer apoio e a vários metros de altura.

Do que nos foi ensinado sobre a classe de Espíritos que em geral produzem esses tipos de manifestações, não se deve concluir que o Sr. Home esteja em contato somente com a classe ínfima do mundo espírita. Seu caráter, bem como as qualidades morais que o distinguem, devem, ao contrário, granjear-lhe a simpatia dos Espíritos superiores; para estes últimos, ele não passa de um instrumento destinado a abrir os olhos dos cegos de maneira enérgica, sem que, para isso, seja privado das comunicações de ordem mais elevada. É uma missão que aceitou, missão que não está isenta de tribulações nem de perigos, mas que cumpre com resignação e perseverança, sob a égide do Espírito de sua mãe, seu verdadeiro anjo da guarda.

A causa das manifestações do Sr. Home lhe é inata; sua alma, que parece prender-se ao corpo somente por fracos liames, tem mais afinidade com o mundo dos Espíritos que com o mundo corpóreo; eis por que se desprende sem esforços, entrando mais facilmente que os outros em comunicação com os seres invisíveis. Essa faculdade se lhe revelou desde a mais tenra infância. Com a idade de seis meses, seu berço se balançava sozinho, na ausência da ama de leite, e mudava de lugar. Em seus primeiros anos ele era tão débil que mal podia se sustentar; sentado sobre um tapete, os brinquedos que não podia alcançar deslocavam-se por si mesmos e vinham pôr-se ao alcance de suas mãos. Aos três anos teve suas primeiras visões, não lhes conservando, porém, a lembrança. Tinha nove anos quando sua família fixou-se nos Estados Unidos; ali, os mesmos fenômenos continuaram com intensidade crescente, à medida que avançava em idade, embora sua reputação como médium não se tenha estabelecido senão em 1850, época em que as manifestações espíritas começaram a popularizar-se naquele país. Em 1854 veio à Itália, como dissemos, por motivos de saúde; surpreendeu Florença e Roma com verdadeiros prodígios. Convertido à fé católica nesta última cidade, viu-se obrigado a romper relações com o mundo dos Espíritos. Com efeito, durante um ano, seu poder oculto pareceu havê-lo abandonado; mas, como esse poder está acima de sua vontade, findo esse tempo, conforme lhe anunciara o Espírito de sua mãe, as manifestações reapareceram com nova energia. Sua missão estava traçada; deveria distinguir-se entre aqueles que a Providência escolheu para revelar-nos, por meio de sinais patentes, o poder que domina todas as grandezas humanas.

Se o Sr. Home, como o pretendem certas pessoas que julgam sem haver visto, fosse apenas um hábil prestidigitador, sem dúvida teria sempre à sua disposição, em sua sacola, algumas peças com que pudesse simular suas mágicas, ao passo que não é senhor de produzi-las à vontade. Ser-lhe-ia impossível dar sessões regulares, por muitas vezes, justamente no momento em que tivesse necessidade de sua faculdade, esta lhe faltaria. Algumas vezes os fenômenos se manifestam espontaneamente, no momento em que menos se espera, enquanto que, em outras, é incapaz de os provocar, circunstância pouco provável a quem quisesse fazer exibições em horas certas. O fato seguinte, tomado entre mil, é disso uma prova. Desde mais de quinze dias o Sr. Home não havia obtido nenhuma manifestação, quando, almoçando em casa de um dos seus amigos, com mais duas ou três pessoas de seu conhecimento, de repente ouviram-se golpes nas paredes, nos móveis e no teto. Parece que voltam, disse ele. Nesse momento o Sr. Home estava sentado num canapé com um amigo. Um doméstico trouxe a bandeja de chá e preparava-se para colocá-la sobre a mesa, situada no meio do salão; embora bastante pesada, a mesa se elevou subitamente, destacando-se do solo a uma altura de 20 a 30 centímetros, como se fora atraída pela bandeja. Apavorado, o criado deixou-a escapar e a mesa, de um pulo, lançou-se em direção ao canapé, vindo cair diante do Sr. Home e de seu amigo, sem que nada do que estava em cima se tivesse desarrumado. Esse fato não é, absolutamente, o mais curioso dentre aqueles que temos para relatar, mas apresenta essa particularidade de nota: a de ter-se produzido espontaneamente, sem provocação, em um círculo íntimo, do qual nenhum dos assistentes, cem vezes testemunhas de fatos semelhantes, necessitava de novas provas; e, seguramente, não era o caso para o Sr. Home exibir suas habilidades, se habilidades existem.

(março)

## "Sr. Home"(segundo artigo de Allan Kardec)[14]

Como dissemos, o Sr. Home é um médium do gênero daqueles sob cuja influência se produzem, mais especialmente, fenômenos físicos, sem por isso excluir as manifestações inteligentes. Todo efeito que revela a ação de uma vontade livre é, por isso mesmo, inteligente, ou seja, não é puramente mecânico e nem poderia ser atribuído a um agente exclusivamente material; mas, daí às comunicações instrutivas de elevado alcance moral e filosófico há uma distância muito grande, e não é de nosso conhecimento que o Sr. Home as obtenha de tal natureza. Não sendo médium escrevente, a maior parte das respostas é dada por pancadas, indicativas de letras do alfabeto, meio sempre imperfeito e bastante lento, que dificilmente se presta a desenvolvimentos de uma certa extensão. Entretanto, ele também obtém a escrita, mas por outro processo de que falaremos dentro em pouco.

Digamos, primeiro, como princípio geral, que as manifestações ostensivas, as que impressionam os sentidos,

---

[14] Allan KARDEC, *Revista Espírita*, p.143 a 148.

podem ser espontâneas ou provocadas. As primeiras são independentes da vontade; por vezes, ocorrem mesmo contra a vontade daquele que lhes é objeto e ao qual nem sempre são agradáveis. São freqüentes os fatos desse gênero e, sem remontar aos relatos mais ou menos autênticos dos tempos recuados, deles a história contemporânea oferece numerosos exemplos, cuja causa, ignorada em seu princípio, é hoje perfeitamente conhecida: tais são, por exemplo, os ruídos insólitos, o movimento desordenado dos objetos, as cortinas puxadas, as cobertas arrancadas, certas aparições, etc. Algumas pessoas são dotadas de uma faculdade especial que lhes dá o poder de provocar esses fenômenos, pelo menos em parte, por assim dizer, à vontade. Essa faculdade não é muito rara e, de cem pessoas, cinqüenta pelo menos a possuem em maior ou menor grau. O que distingue o Sr. Home é que nele a faculdade está desenvolvida, como entre os médiuns de sua espécie, de uma maneira a bem dizer excepcional. Alguns não obterão senão golpes leves, ou o deslocamento insignificante de uma mesa, enquanto que, sob a influência do Sr. Home os ruídos mais retumbantes fazem-se ouvir e todo o mobiliário de um quarto pode ser revirado, os móveis amontoando-se uns sobre os outros. Por mais estranhos sejam esses fenômenos, o entusiasmo de alguns admiradores muito zelosos ainda encontrou jeito de os amplificar por meio de pura invenção. Por outro lado, os detratores não ficaram inativos; a seu respeito, contaram todo tipo de anedotas, que só existiram em sua imaginação. Eis um exemplo:

O Sr. Marquês de..., uma das personagens que mais interesse demonstraram pelo Sr. Home, e em cuja residência o médium era recebido na intimidade, achava-se um dia na ópera com este último. Na platéia superior estava o Sr. de P..., um dos nossos assinantes, e que conhece a ambos pessoalmente. Seu vizinho entabula conversação com ele; o assunto é o Sr. Home. 'Acreditais – disse ele – que aquele pretenso feiticeiro, aquele charlatão, encontrou meio de introduzir-se na casa do Sr. Marquês de...? Seus artifícios, porém, foram descobertos e ele foi posto no olho da rua a pontapés, como um vil intrigante. – Estais bem certo disso? pergunta o Sr. de P... Conheceis o Sr. Marquês de...? – Certamente, responde o interlocutor – Nesse caso, diz o Sr. de P..., olhai naquele camarote; podereis vê-lo em companhia do próprio Sr. Home, ao qual não parece que queira dar pontapés'. Diante disso, nosso melancólico falador, não julgando conveniente continuar a conversa, pegou seu chapéu e não apareceu mais. Por aí se pode julgar do valor de certas afirmações. Seguramente, se certos fatos divulgados pela maledicência fossem verdadeiros, ter-lhe-iam fechado mais de uma porta; mas como as casas mais respeitáveis sempre lhe estiveram abertas, deve-se concluir que sempre e por toda parte ele se conduziu como um cavalheiro. Basta, aliás, haver conversado algumas vezes com o Sr. Home para ver que, com a sua timidez e a sua simplicidade de caráter, seria o mais desajeitado de todos os intrigantes; insistimos nesse ponto pela moralidade da causa. Voltemos às suas manifestações. Sendo o nosso objetivo fazer conhecer a verdade, no interesse da ciência, tudo quanto relatamos é colhido em fontes de tal maneira autênticas que podemos garantir-lhes a mais escrupulosa exatidão; temos testemunhas oculares muito sérias, muito esclarecidas e altamente colocadas para que sua sinceridade possa ser posta em dúvida. Se dissessem que essas pessoas puderam, de boa-fé, ser vítimas de uma ilusão, responderíamos que há circunstâncias que escapam a toda suposição desse gênero; aliás, tais pessoas estavam muito interessadas em conhecer a verdade para não se precaverem contra toda falsa aparência.

Geralmente o Sr. Home começa suas sessões pelos fatos conhecidos: pancadas em uma mesa ou em qualquer outra parte do apartamento, procedendo como já dissemos alhures. Segue-se o movimento da mesa, que se opera, primeiro, pela imposição das mãos, dele somente ou de várias das pessoas reunidas, depois, a distância e sem contato; é uma espécie de ensaio. Muito freqüentemente ele nada mais obtém além: vai depender da disposição em que se encontra e algumas vezes também da dos assistentes; há pessoas perante as quais jamais produziu coisa alguma, mesmo sendo seus amigos. Não nos alongaremos sobre esses fenômenos, hoje tão conhecidos, e que só se distinguem por sua rapidez e energia. Muitas vezes, após várias oscilações e balanços, a mesa se destaca do solo, eleva-se gradualmente, lentamente, por pequenas sacudidelas, não mais alguns centímetros somente, mas até o teto e fora do alcance das mãos. Após permanecer suspensa no espaço por alguns segundos, desce como havia subido, lenta e gradualmente.

Sendo um fato conhecido a suspensão de um corpo inerte e de peso específico incomparavelmente maior que o do ar, concebe-se que o mesmo se possa dar com um corpo animado. Não nos consta que o Sr. Home tivesse agido sobre alguma pessoa além dele mesmo e, ainda assim, o fato não se produziu em Paris, mas verificou-se diversas vezes, tanto em Florença como na França, especialmente em Bordeaux, na presença das mais respeitáveis testemunhas, que poderíamos citar, se necessário. Como a mesa, ele se elevou até o teto, descendo do mesmo modo. O que há de bizarro nesse fenômeno é que não se produz por um ato de sua vontade, e ele mesmo nos disse que dele não se apercebe, acreditando estar sempre no solo, a menos que olhe para baixo; apenas as testemunhas o vêem elevar-se; quanto a ele, experimenta nesse momento a sensação produzida pelo sacolejo de um navio sobre as ondas. De resto, o fato que relatamos não é de forma alguma peculiar ao Sr. Home. A História cita vários exemplos autênticos que relataremos posteriormente.

De todas as manifestações produzidas pelo Sr. Home, a mais extraordinária, sem dúvida, é a das aparições, razão por que nelas insistiremos mais, tendo em vista as graves conseqüências daí decorrentes e a luz que elas lançam sobre uma multidão de outros fatos. O mesmo acontece com os sons produzidos no ar, instrumentos de música que tocam sozinhos, etc. No próximo número examinaremos detalhadamente esses fenômenos.

Retornando de uma viagem à Holanda, onde produziu forte sensação na corte e na alta sociedade, o Sr. Home acaba de partir para a Itália. Sua saúde, gravemente alterada, exigia um clima mais ameno.

Confirmamos, com prazer, o que certos jornais relataram, de um legado de 6.000 francos de renda que lhe foi feito por uma dama inglesa, convertida por ele à Doutrina Espírita e em reconhecimento da satisfação que ela experimentou. Sob todos os aspectos, merecia o Sr. Home esse honroso testemunho. Esse ato, de parte da doadora, é um precedente que terá o aplauso de todos quantos partilham de nossas convicções; esperamos tenha a Doutrina, um dia, o seu Mecenas: a posteridade inscreverá seu nome entre os benfeitores da Humanidade. A religião nos ensina a existência da alma e sua imortalidade; o Espiritismo dá-nos a sua prova viva e palpável, não mais pelo raciocínio, mas pelos fatos. O materialismo é um dos vícios da sociedade atual, porque engendra o egoísmo. O que há, com efeito, fora do eu, para quem tudo liga à matéria e à vida presente? Intimamente vinculada às idéias religiosas, esclarecendo-nos sobre nossa natureza, a Doutrina Espírita mostra-nos a felicidade na prática das virtudes evangélicas; lembra ao homem os seus deveres para com Deus, a sociedade, e para consigo mesmo. Colaborar na sua propagação é desferir um golpe mortal na chaga do cepticismo que nos invade como um mal contagioso; honra, pois, aos que empregam nessa obra os bens com que Deus os favoreceu na Terra!

(abril)

## "Sr. Home"(terceiro artigo de Allan Kardec) [15]

Não é de nosso conhecimento que o Sr. Home tenha feito aparecer, pelo menos visivelmente a todos, outras partes do corpo além das mãos. Cita-se, entretanto, um general, morto na Criméia, que teria aparecido à sua viúva e visível somente a ela; mas não pudemos constatar a realidade do fato, sobretudo no que diz respeito à intervenção do Sr. Home em tal circunstância. Limitar-nos-emos apenas àquilo que pudermos afirmar. Por que mãos, de preferência a pés ou a uma cabeça? É o que não sabemos e ele próprio ignora. Interrogados a respeito, os Espíritos responderam que outros médiuns poderiam fazer aparecer o corpo inteiro; aliás, não é isso o ponto mais importante; se só as mãos aparecem, as demais partes do corpo não são menos evidentes, como se verá dentro em pouco.

A aparição de uma mão geralmente se manifesta, em primeiro lugar, sob a toalha da mesa, através de ondulações produzidas ao percorrer toda a sua superfície; depois se mostra à borda da toalha, que ela levanta; algumas vezes vem postar-se sobre a toalha, bem no meio da mesa; freqüentemente, toma um

---

[15] Allan, KARDEC, *Revista espírita,* p.188 a 191.

objeto e o leva para baixo da toalha. Essa mão, visível para todo o mundo, não é vaporosa, nem translúcida; tem a cor e a opacidade naturais; no punho, termina de maneira vaga, mal definida; se é tocada com precaução, confiança e sem segunda intenção hostil, oferece a resistência, a solidez e a impressão de uma mão viva; seu calor é suave, úmido e comparável ao de um pombo morto há cerca de meia hora. Não é de forma alguma inerte, porquanto age, presta-se aos movimentos que se lhe imprime, ou resiste, acaricia-vos ou vos aperta. Se, ao contrário, quiserdes pegá-la bruscamente e de surpresa, somente encontrareis o vazio. Uma testemunha ocular narrou-nos o seguinte fato que com ela se passou. Tinha entre os dedos uma campainha de mesa; uma mão, a princípio invisível, pouco depois perfeitamente visível, veio pegá-la, fazendo esforços para arrancá-la; não o tendo conseguido, passou por cima para fazê-la escorregar; o esforço da tração era muito sensível, qual se fora mão humana. Tendo querido segurar violentamente essa mão, a sua só encontrou o ar; havendo retirado os dedos, a campainha ficou suspensa no espaço e veio pousar lentamente no assoalho.

Algumas vezes há várias mãos. A mesma testemunha contou-nos o fato que se segue. Várias pessoas estavam reunidas em torno de uma dessas mesas de sala de jantar que se separam em duas. Golpes são batidos; a mesa se agita, abre-se por si mesma e, através da fenda, aparecem três mãos, uma de tamanho natural, muito grande outra, e uma terceira completamente felpuda; toca-se nelas, apalpa-se-lhes, elas vos apertam a mão, depois se esvanecem. Na casa de um de nossos amigos, que havia perdido um filho de tenra idade, é a mão de um recém-nascido que aparece; todos a podem ver e tocar; essa criança acomoda-se no colo da mãe, que sente distintamente a impressão de todo o seu corpo sobre os joelhos.

Freqüentemente, a mão vem pousar sobre vós. Então a vedes ou, se não o conseguis, percebeis a pressão de seus dedos; algumas vezes ela vos acaricia, em outras vos belisca até provocar dor. Na presença de várias pessoas, o Sr. Home sentiu que lhe pegavam o pulso, e os assistentes puderam ver-lhe a pele puxada. Um instante depois ele sentiu que o mordiam e a marca da impressão de dois dentes ficou visivelmente assinalada durante mais de uma hora.

A mão que aparece também pode escrever. Algumas vezes ela se coloca no meio da mesa, pega o lápis e traça letras sobre um papel especialmente colocado para esse fim. Na maioria das vezes leva o papel para debaixo da mesa e o traz de volta todo escrito. Se a mão permanece invisível, a escrita parece produzir-se por si mesma. Obtêm-se, por esse meio, respostas às diversas perguntas que se quer fazer.

Um outro gênero de manifestações não menos notável, mas que se explica pelo que acabamos de dizer, é o dos instrumentos de música que tocam sozinhos. Em geral são pianos ou acordeões. Nessas circunstâncias, vê-se distintamente as teclas se agitarem e o fole mover-se. A mão que toca ora é visível, ora invisível; a ária que se ouve pode ser conhecida e executada a pedido de alguém. Se o artista invisível é deixado à vontade, produz acordes harmoniosos, cujo efeito lembra a vaga e suave melodia da harpa eólica. Na residência de um de nossos assinantes, onde tais fenômenos se produziram muitas vezes, o Espírito que assim se manifestava era o de um rapaz, falecido há algum tempo, amigo da família e que, quando vivo, possuía notável talento como músico; a natureza das árias que preferia tocar não deixava nenhuma dúvida quanto à sua identidade às pessoas que o haviam conhecido.

O fato mais extraordinário desse gênero de manifestações não é, em nossa opinião, o da aparição. Se fosse sempre vaporosa, concordaria com a natureza etérea que atribuímos aos Espíritos; ora, nada se oporia a que essa matéria etérea se tornasse perceptível à vida por uma espécie de condensação, sem perder sua propriedade vaporosa. O que há de mais estranho é a solidificação dessa mesma matéria, bastante resistente para deixar uma impressão visível em nossos órgãos. Daremos, em nosso próximo número, a explicação desse singular fenômeno, conforme o ensinamento dos próprios Espíritos. Limitar-nos-emos, hoje, a deduzir-lhe uma conseqüência relativa ao toque espontâneo dos instrumentos de música. Com efeito, desde que a tangibilidade temporária dessa matéria eterizada é um fato constatado; que, nesse estado, uma mão, aparente ou não, oferece bastante resistência para exercer pressão sobre os corpos sólidos, nada há de espantoso em que possa exercer pressão suficiente para mover as teclas de um instrumento. Por outro lado, fatos não menos positivos atestam que essa mão pertence a uma inteligência; nada, pois, de admirar que tal inteligência se manifeste por sons musicais, como o pode fazer pela escrita ou pelo desenho. Uma vez entrados nessa ordem de idéias, as pancadas, o movimento dos objetos e todos os fenômenos espíritas de ordem material se explicam naturalmente.

## Variedades[16]

Em certos indivíduos a malevolência não conhece limites; a calúnia tem sempre veneno para quem quer que se eleve acima da multidão. Os adversários do Sr. Home acharam a arma do ridículo demasiado fraca; com efeito, ela devia voltar-se contra os nomes respeitáveis que o cobrem com

---

[16] Allan, KARDEC, *Revista espírita,* p. 191.

a sua proteção. Não podendo mais divertir-se à sua custa, quiseram denegri-lo. Espalhou-se o boato, adivinhe-se com que objetivo, e as más línguas a repetir, de que o Sr. Home não havia partido para a Itália, como fora anunciado, mas que estava encarcerado na prisão de Mazas, sob o peso das mais graves acusações, narradas como anedotas, de que estão sempre ávidos os desocupados e os amantes de escândalos. Podemos garantir que não há nada de verdadeiro em todas essas maquinações infernais. Sob nossos olhos, temos várias cartas do Sr. Home, datadas de Pisa, Roma, Nápoles, onde se encontra neste momento, e estamos em condição de provar o que afirmamos. Muita razão têm os Espíritos, quando dizem que os verdadeiros demônios estão entre os homens.

(maio)

## "O Falso Home"[17]

Lia-se há pouco tempo, nos jornais de Lyon, o seguinte anúncio, veiculado igualmente em cartazes fixados nas paredes da cidade:

'O Sr. Home, o célebre médium americano, que teve a honra de fazer suas experiências perante S. M. o Imperador [18], a partir de quinta-feira, 1º de abril, dará sessões de espiritualismo no grande teatro de Lyon. Produzirá aparições, etc., etc. Poltronas especiais serão dispostas no teatro para os senhores médicos e sábios, a fim de poderem assegurar-se de que nada foi preparado. As sessões serão variadas pelas experiências da célebre vidente, Sra...,

---

[17] Allan, KARDEC, *Revista espírita,* p. 229 a 232.

[18] **Nota do Tradutor na edição da FEB:** Napoleão III. Último Imperador francês, o sobrinho de Napoleão Bonaparte não disfarçava seu interesse pela Doutrina Espírita. A pedido seu, o próprio Allan Kardec compareceu às Tulherias para tratar da doutrina exposta em *O Livro dos Espíritos.* Sabe-se, inclusive, que memoráveis sessões espíritas de efeitos físicos foram realizadas no antigo palácio de Catarina de Médicis, na presença do Soberano e da Imperatriz Eugênia. Excessivamente modesto e discreto, traços marcantes de sua personalidade, jamais o Codificador fez alarde desse fato.

sonâmbula extralúcida, que reproduzirá sucessivamente todos os sentimentos, à vontade dos espectadores. Preço dos lugares: 5 francos – primeira classe; e 3 francos – segunda classe'.

Os antagonistas do Sr. Home (alguns escrevem Hume) não quiseram perder essa ocasião de o expor ao ridículo. Em seu ardente desejo de fisgá-lo, acolheram essa grosseira mistificação com uma solicitude que bem atesta a sua má-fé e o seu desprezo pela verdade, porquanto, antes de atirar pedras nos outros é preciso assegurar-se de que elas não errarão o alvo. Mas a paixão é cega, não raciocina e, muitas vezes, engana-se a si mesma na tentativa de prejudicar os outros. 'Eis, pois', exclamaram jubilosos, 'esse homem tão glorificado, reduzido a mostrar-se nos palcos, dando espetáculos a tanto por pessoa!' E os seus jornais a darem crédito ao fato sem maior exame. Infelizmente, para eles, sua alegria não durou muito. Mais que depressa, nos escreveram de Lyon para obter informações que pudessem ajudar a desmascarar a fraude, e isso não foi difícil, graças, sobretudo, ao zelo de numerosos adeptos que o Espiritismo conta naquela cidade. Assim que o diretor do teatro soube de que negócio se tratava, imediatamente dirigiu aos jornais a carta seguinte: 'Senhor redator: Apresso-me a informar que o espetáculo anunciado para quinta-feira, 1º de abril, no grande teatro, não mais será realizado. Eu julgava haver cedido a sala ao Sr. Home, e não ao Sr. Lambert Laroche, que se diz Hume. As pessoas que antecipadamente obtiveram camarotes ou cadeiras numeradas na platéia poderão apresentar-se à bilheteria para serem reembolsadas'.

Por outro lado, o acima mencionado Lambert Laroche (natural de Langres), interpelado acerca de sua identidade, achou por bem responder nos seguintes termos, que

reproduzimos na íntegra, visto não desejarmos absolutamente que ele nos possa acusar da menor alteração:

'Vós me submeteste diverças extra de vossas correspondência
de Paris, das quales resulta que um Sr. Home que dá cessão
nalgum salão da capital, se acha nesse momento na Intália e
não pode por correspondência se achar em Lyon. Senhor, eu
ingnoro 1º conhecer esse Sr. Home, 2º eu não cei quale é o seu
talento, 3º eu nunca tive nada de comum cum esse Sr. Home,
4º eu trabaiei e trabaio cum nomi de guerra que é Hume
do qual eu justifico pelos artigo de jornais du istrangeiro e
francês que vos é submetido 5º viajo cum dois cumpanhêro
meu gênero de isperiença consiste em espiritualismo ou
evocação vizão, e numa palavra reprodução das idéa do
ispector por um sugeito, minha ispecialidade é de operá por
esses procedimentos sobre as pessoa istrangeiras, como se
pude ver nos jornais que vein da espanha e da áfrica. Assim
Sr. redator, vos demonstro que eu não quinz tomar o nome
desse pretendido Home que vós dizeis em reputassão, o meu
é suficientemente  conhecido por sua grande notoriedade
e pela experiência que possui. Recebei Sr. Redator minhas
saudação atenciosa'. [19]

Cremos inútil dizer que o Sr. Lambert Laroche deixou Lyon
com as honras da guerra. Por certo irá a outros lugares em busca de pessoas mais fáceis de enganar. Acrescentemos somente
uma palavra para exprimir nosso pesar, por vermos com que
deplorável avidez certas pessoas, que se dizem sérias, acolhem
tudo quanto possa servir à sua animosidade. O Espiritismo
goza hoje de muita reputação para temer a charlatanice;

---

[19] **Nota do Tradutor na edição da FEB:** Grifos nossos. A *tradução* aqui apresentada tenta reproduzir, embora sem muito sucesso, o linguajar e a escrita
de uma pessoa semianalfabeta. Torna-se bastante evidente a pouca cultura do
missivista.

não é mais aviltado pelos charlatães do que a verdadeira ciência médica pelos curandeiros das encruzilhadas; por toda parte encontra, sobretudo entre as pessoas esclarecidas, zelosos e numerosos defensores, que sabem afrontar as zombarias. Longe de prejudicar, o caso de Lyon apenas serve à sua propagação, ao chamar a atenção dos indecisos para a realidade. Quem sabe até se não foi provocado com essa finalidade por um poder superior? Quem pode se vangloriar de sondar os desígnios da Providência? Quanto aos adversários do Espiritismo, permite-se-lhes rir, jamais caluniar; alguns anos ainda e veremos quem dará a última palavra. Se é lógico duvidar daquilo que não se conhece, é sempre imprudente inscrever-se em falso contra as idéias novas que, mais cedo ou mais tarde, podem dar um humilhante desmentido à nossa perspicácia: a História aí está para o provar. Aqueles que, no seu orgulho, aparentam piedade dos adeptos da Doutrina Espírita, estarão tão elevados quanto imaginam? Esses Espíritos, que ridicularizam, recomendam que se faça o bem e proíbem o mal, mesmo aos inimigos; eles nos dizem que nos rebaixamos pelo só desejo do mal. Qual é, pois, o mais elevado – o que procura fazer o mal ou aquele que não guarda em seu coração nem ódio nem rancor?

O Sr. Home regressou a Paris há pouco tempo; mas deve partir sem demora para a Escócia e, de lá, para São Petersburgo.

(junho)

"Teoria das Manifestações Físicas"

Dando continuidade aos comentários sobre as Manifestações Físicas, iniciados na edição de janeiro de 1858, da **Revista Espírita**, quando se referiu ao médium Daniel Dunglas Home, Allan Kardec retorna, em novo artigo publicado na *Revista Espírita* de junho de 1858, e tece novas explicações acerca dessa espécie de fenômenos.

O texto do artigo foi construído com base em perguntas sobre o tema feitas ao Espírito São Luís. Selecionamos aquelas que têm ligação com o nosso biografado.

[Pergunta 15]– *De onde vem o poder especial do Sr. Home?*

*Resp. – De sua organização.*

[Pergunta 16]– *Que tem ela de particular?*

*Resp. – Esta pergunta não está clara.*

[Pergunta 17] – *Perguntamos se se trata de sua organização física ou moral.*

*Resp. – Eu disse organização.*

[Pergunta 18] – *Entre as pessoas presentes há alguém que possa ter a mesma faculdade do Sr. Home?*

*Resp. – Têm-na em certo grau. Não foi um de vós que fez mover a mesa?*

[Pergunta 19] – *Quando uma pessoa faz mover um objeto, é sempre pelo concurso de um Espírito estranho, ou a ação pode provir somente de um médium?*

*Resp. – Algumas vezes o Espírito do médium pode agir sozinho, porém, na maioria das vezes, é com o auxílio dos Espíritos evocados; isso é fácil de reconhecer.* [20]

---

[20] Allan, KARDEC, *Revista espírita,* p. 237 e 238.

# Capítulo II

# O Livro dos Médiuns (1861)[21]

---

[21] Allan KARDEC, *O livro dos médiuns*.

No capítulo II de **O Livro dos Médiuns**, publicado em janeiro de 1861, Allan Kardec trata "Do Maravilhoso e do Sobrenatural", declarando, no *caput* do texto que:

> Se a crença nos Espíritos e nas suas manifestações represen-
> tasse uma concepção singular, fosse produto de um sistema,
> poderia, com visos de razão, merecer a suspeição de ilusória e
> que o Espiritismo nos dá a explicação de uma imensidade de
> coisas inexplicadas e inexplicáveis por qualquer outro meio e
> que, à falta de toda explicação, passaram por prodígios, nos
> tempos antigos. Lembra, então, de quantas graçolas não foi
> objeto o fato de São Cupertino[22] se erguer nos ares!

Com essa assertiva Kardec enfatiza que "a suspensão etérea dos corpos graves é um fenômeno que a lei espírita explica" e que dele fora "pessoalmente testemunha ocular". Nesse ponto, no item 16 do texto, o Codificador cita que o médium Daniel Dunglas Home, assim também outras pessoas do seu conhecimento, "(...)repetiram muitas vezes o fenômeno produzido por São Cupertino". Logo, explica Allan Kardec, "este fenômeno pertence à ordem das coisas naturais".

---

[22] São José de Cupertino (1603-1663). Produziu fenômenos psíquicos, tal qual a levitação. (N.O.)

Ao tratar da "Teoria das manifestações físicas", no capítulo IV de O Livro dos Médiuns, Allan Kardec, examinando a questão do movimento das mesas girantes, no item 80, declara que:

> (...) se, pelo meio indicado, o Espírito pode suspender uma mesa, também pode suspender qualquer outra coisa: uma poltrona, por exemplo. Se pode levantar uma poltrona, também pode, tendo força suficiente, levantá-la com uma pessoa assentada nela.

Enfatiza então que:

> Aí está a explicação do fenômeno que o Sr. Home produziu inúmeras vezes consigo mesmo e com outras pessoas. Repetiu-o durante uma viagem a Londres e, para provar que os expectadores não eram joguetes de uma ilusão de ótica, fez no forro, enquanto suspenso, uma marca a lápis e que muitas pessoas lhe passassem por baixo. **Sabe-se que o Sr.Home é um poderoso médium de efeitos físicos.** Naquele caso, era ao mesmo tempo a causa eficiente e o objeto. (grifo do Organizador)

No capítulo VI, ao tecer elucidativos comentários em torno das "Manifestações visuais", Allan Kardec voltaria a citar, em nota de rodapé, no item 104, o médium Daniel Dunglas Home como exemplo de médium de grande poder na produção de fatos de aparições tangíveis.

Finalmente, nessa segunda obra da Codificação Espírita, Allan Kardec volta a se referir ao médium D.D. Home no capítulo XXVIII, em que examina a questão do Charlatanismo e do Embuste. No item 314, discorre acerca das "fraudes espíritas", declarando que:

> (...) os que não admitem a realidade das manifestações físicas geralmente atribuem à fraude os efeitos produzidos. Fundam-se que os prestidigitadores hábeis fazem coisas que parecem prodígios, para quem não lhes conhece os segredos; donde concluem que os médiuns não passam de escamoteadores. Já refutamos este argumento – alerta o Codificador –, ou antes, esta opinião, notadamente nos nossos artigos sobre o Sr. Home e nos números da **Revue** de janeiro e fevereiro de 1858. (Vide capítulos anteriores neste livro).

# Capítulo III

# Revista Espírita
## (1862)

(agosto)

"Morte da Srª. Home"

Na **Revista Espírita** de agosto de 1862, no capítulo denominado "Necrologia", Allan Kardec, logo após informar a desencarnação do bispo de Barcelona, "aquele que mandou queimar trezentos volumes espíritas, no famoso Auto-de-fé de 09 de outubro de 1861", informa acerca da *morte da Sra. Home*, transcrevendo o noticiário da publicação intitulada *Nord*, datado de 15 de julho de 1862, abaixo transcrito e comentado pelo Codificador. Home casou-se duas vezes, sendo a primeira em 1858, com Alexandrina Kroll, de 17 anos, filha de uma família nobre russa, com a qual teve um filho, Gregoire. É a respeito dela que Allan Kardec faz os comentários na **Revista Espírita** de agosto de 1862.

O famoso Sr. Dunglas Home passou por Paris nestes dias. Pouca gente o viu. Acaba de perder sua mulher, irmã da Condessa de Kouchelew-Bezborodko. Por mais cruel que seja essa perda, disse ele que lhe é menos sensível do que para outro homem, não porque a amasse menos, mas porque a morte não o separa daquela que na Terra usava seu nome.

Eles se vêem e conversam com tanta facilidade como quando habitavam juntos o mesmo planeta.

O Sr. Home é católico romano e sua esposa, antes de exalar o último suspiro, querendo unir-se ao marido numa última comunhão espiritual, abjurou a religião grega diante do bispo de Périgueux. Isto se passou no castelo de Laroche, residência do Conde de Kouchelew.

O folhetim – pois é num folhetim, ao lado do Pré-Catelan, que se encontra esta nota – é assinado Nemo, um dos críticos que não pouparam zombarias aos espíritas e às suas pretensões de conversar com os mortos. Senhor, não é engraçado acreditar que aqueles a quem amamos não estão perdidos para sempre e que os reveremos? Não é ridículo, muito tolo e supersticioso acreditar que estejam ao nosso lado, que nos vejam e nos escutem quando não os vemos e que possam comunicar-se conosco? O Sr. Home e sua esposa se vêem, conversam tão facilmente como se estivessem juntos. Que absurdo! E dizer que em pleno século dezenove, o século das luzes, haja pessoas bastante crédulas para acreditarem em semelhantes frivolidades, dignas dos contos de Perrault! Perguntai a razão ao Sr. Trousseau. O nada, falai-me disto! Eis o que é lógico! Temos mais liberdade de fazer o que queremos durante a vida. Pelo menos não tememos o futuro. Sim; mas onde está a compensação para o infeliz! – Nemo! Singular pseudônimo para a circunstância![23]

---

[23] Allan, KARDEC, *Revista Espírita,* p. 322 e 323.

# Capítulo IV

# Revista Espírita
## (1863)

(março)

## *Variedades*

### "O Sr. Home em Paris"

O Sr. Home veio a Paris, onde ficou apenas alguns dias. De vários lugares nos pedem informações sobre os extraordinários fenômenos que ele teria produzido perante augustas personagens, dos quais alguns jornais falaram vagamente. Considerando-se que essas coisas se passaram na intimidade, não nos cabe revelar o que não tem caráter oficial e, menos ainda, comprometer certos nomes. Diremos apenas que os detratores exploraram o fato, como tantos outros, para tentar lançar o ridículo sobre o Espiritismo, por meio de relatos absurdos, sem respeito às pessoas nem às coisas. Acrescentaremos que a permanência do Sr. Home em Paris, bem como a qualidade das casas onde foi recebido, é um formal desmentido às infames calúnias, segundo as quais ele teria sido expulso de Paris, como, outrora, durante uma ausência sua, fizeram quando estava tranqüilamente em Nápoles, por razões de saúde. Calúnia! Sempre a calúnia! Já é tempo de os Espíritos virem expurgá-la da Terra.
Remetemos os nossos leitores aos meticulosos artigos que

publicamos sobre o Sr. Home e suas manifestações, nos números de fevereiro, março e abril de 1858 da Revista Espírita.

Um artigo publicado no Monde Illustré sobre os supostos médiuns americanos, Sr. e Srª. Girroodd, também motivou vários pedidos de informações. Nada temos a acrescentar ao que já dissemos a respeito, na Revista Espírita de 1862, número de fevereiro, senão que vimos pessoalmente e que se vê com Robert Houdin coisas não menos inexplicáveis, quando não se conhece a astúcia. Nenhum espírita ou magnetizador, conhecendo as condições normais em que se produzem os fenômenos, pode levar a sério essas coisas ou perder tempo em discuti-las seriamente.

Certos adversários incompetentes quiseram explorar essas habilidades contra os fenômenos espíritas, dizendo que, desde que podiam ser imitados, é porque não existiam e que todos os médiuns, a começar pelo Sr. Home são hábeis prestidigitadores. Não percebem que dão armas à incredulidade contra si próprios, uma vez que poderiam aplicar o argumento contra a maioria dos milagres. Sem realçar o que há de ilógico nesta conclusão e sem discutir novamente os fenômenos, diremos tão-somente que a diferença entre os prestidigitadores e os médiuns está no ganho dos primeiros e no desinteresse dos segundos, da imitação à realidade, da flor artificial à flor natural. Também não podemos impedir que um escamoteador se diga médium ou físico. Não há por que defender explorações desse gênero; deixamos essa tarefa à crítica.[24]

---

[24] Allan, KARDEC, *Revista espírita,* p.138 a 139.

(setembro)

Notas bibliográficas

"Revelação sobre minha vida sobrenatural

por Daniel Dunglas Home"

Na **Revista Espírita** de agosto de 1863 Allan Kardec comenta as críticas de um Sr. chamado Oscar Comettant sobre *O livro do Sr. Home*, publicado no Siècle de 15 de julho de 1863.[25] Posteriormente, em setembro de 1863 O Codificador do Espiritismo comentou, na coluna Notas Bibliográficas da **Revista Espírita** daquele mês, o referido texto, que parece tratar-se de uma autobiografia de D.D.Home **Incidents In My Life(Acontecimentos em Minha Vida)**, traduzida do inglês, contendo uma introdução do juiz John Worth Edmonds (1816-1874).[26] Acompanhemos os comentários de Allan Kardec:

---

[25] Allan, KARDEC, *Revista espírita, p. 336.*

[26] O *site* http://www.randi.org/encyclopedia/Home.html., acessado em 29.11.2007, indica a existência de dois volumes do livro *Incidents In My Life*, publicados em 1863 e 1872. Outras fontes citam, também, uma edição de 1864. (N.O.)

Esta obra é um relato puro e simples, sem comentários nem explicações, dos fenômenos mediúnicos produzidos pelo Sr. Home. Esses fenômenos são muitos interessantes para quem quer que conheça o Espiritismo e os possa explicar, mas, por si sós, são pouco convincentes para os incrédulos que, nem mesmo crendo no que vêem, acreditam menos ainda no que se lhes conta. É uma coletânea de fatos mais apropriada aos que sabem, do que aos que não sabem, instrutiva para os primeiros, simplesmente curiosa para os segundos. Nossa intenção não é examinar nem discutir aqui esses fatos, que responderiam a uma necessidade já satisfeita com os artigos que publicamos sobre o Sr. Home na Revista Espírita (fevereiro, março, abril e maio de 1858). Apenas diremos que a simplicidade do relato tem um cunho de verdade que não se poderia ignorar e que, para nós, não há nenhum motivo de suspeição de sua autenticidade. O que se lhe pode censurar é o excesso de monotonia e a absoluta ausência de conclusão e de dedução filosófica ou moral. São também muito freqüentes as incorreções de estilo; a tradução, sobretudo em certas partes, se afasta bastante do gênio da língua francesa. Se a dúvida é a primeira impressão naquele que não pode dar-se conta dos fatos, quem quer que tenha lido atentamente e compreendido as nossas obras, principalmente O Livro dos Médiuns reconhecerá ao menos a sua possibilidade, porque terá a sua explicação.

Como se sabe, o Sr. Home é um médium de efeitos físicos de imenso poder. Uma particularidade notável é que ele reúne em si a necessária aptidão para obter a maioria dos fenômenos desse gênero, e isto num grau de certo modo excepcional. Embora a malevolência se tenha deleitado em atribuir-lhe uma porção de fatos apócrifos, ridículos pelo exagero, resta muito para justificar a sua reputação. Sua obra terá, sobretudo, a grande vantagem de separar o verdadeiro do falso.

Os fenômenos que ele produz nos transportam ao primeiro período do Espiritismo, o das mesas girantes, também chamado período da curiosidade, isto é, dos efeitos preliminares, que tinham por objetivo chamar a atenção sobre a nova ordem de coisas e abrir caminho ao período filosófico. Esta marcha era racional, porquanto toda filosofia deve ser a dedução de fatos conscienciosamente estudados e observados, e a que não repousasse senão sobre idéias puramente especulativas não teria base. A teoria, portanto, devia resultar dos fatos, e as conseqüências filosóficas deviam resultar da teoria. Se o Espiritismo se tivesse limitado aos fenômenos materiais, uma vez satisfeita a curiosidade, teria sido apenas um modismo efêmero. Tem-se a prova disso pelas mesas girantes, que só tiveram o privilégio de divertir os salões durante alguns invernos. Sua vitalidade estava apenas na sua utilidade. Assim, a extensão prodigiosa que ele adquiriu data da época em que entrou na via filosófica. Foi somente a partir dessa época que ele tomou lugar entre as doutrinas.

A observação e a concordância dos fatos levaram à procura das causas; a procura das causas levou a reconhecer que as relações entre os mundos visível e invisível existem em virtude de uma lei. Uma vez conhecida, esta lei deu a explicação de uma imensidade de fenômenos espontâneos até então incompreendidos e reputados sobrenaturais, antes que se conhecessem as suas causas; estabelecidas as causas, esses mesmos fenômenos entraram na ordem dos fatos naturais e o maravilhoso desapareceu. A propósito, pode-se criticar, e com razão, o qualificativo de sobrenatural que o Sr. Home dá à sua vida em sua obra. Outrora, certamente ele teria passado por um taumaturgo; na Idade Média, se tivesse sido monge, tê-lo-iam feito um santo com o dom dos milagres; simples homem do povo, teria passado por feiticeiro e sido queimado; entre os pagãos, dele teriam feito um deus e lhe erigiriam altares. Mas, novos tempos, novos costumes. Hoje é um simples médium, predestinado pelo poder de sua faculdade a restringir o círculo dos prodígios, provando pela experiência que certos efeitos, ditos maravilhosos, não escapam das leis da Natureza.

Algumas pessoas temeram pela autenticidade de certos milagres, vendo-os cair no domínio público. Como o Sr. Home partilhasse esse dom com uma multidão de outros médiuns, que também reproduziam tais fenômenos à vista de todo o mundo, realmente tornava-se impossível considerá-lo como derrogações das leis da Natureza, caráter essencial dos fatos miraculosos, a menos que se admita que fosse dado ao primeiro que chegasse o poder de subverter essas leis. Mas, que fazer? Não se pode impedir de ser aquilo que é; não se pode pôr sob o alqueire aquilo que não é privilégio de ninguém. É preciso, portanto, resignar-se a aceitar os fatos consumados, assim como foram aceitos o movimento da Terra e a lei da sua formação.

Se o Sr. Home tivesse sido o único no gênero, morto ele, poderiam negar o que fez; mas como negar fenômenos tornados vulgares pela multiplicidade e pela perpetuidade dos médiuns, que surgem diariamente em milhares de famílias, em todos os pontos do globo? Ainda uma vez, quer queiram quer não, é preciso aceitar o que é e o que não se pode impedir.

Mas se certos fenômenos perdem em prestígio do ponto de vista miraculoso, ganham-no em autenticidade. A incredulidade a respeito dos milagres – forçoso é convir – está na ordem do dia e, por isto, a fé estava realmente abalada. Agora, em presença dos efeitos mediúnicos e graças à teoria espírita, que prova que tais efeitos estão na Natureza, a possibilidade desses efeitos está demonstrada e a incredulidade terá de se calar. A negação de um fato leva à negação de suas conseqüências. Será preferível negar um fato considerado miraculoso e admiti-lo como simples lei da Natureza? As leis da Natureza não são obra de Deus? A revelação de uma nova lei não é prova de seu poder? Será Deus menor por agir em virtude de suas leis do que as derrogando? Aliás, serão os milagres atributo exclusivo do poder divino? A própria Igreja não nos ensina que 'falsos profetas, suscitados pelo demônio, podem fazer milagres e prodígios que seduziram até mesmo os eleitos?'. Se o demônio pode fazer milagres, pode derrogar as leis de Deus, isto é, desfazer o que Deus fez. Mas em parte alguma a Igreja diz que o demônio possa fazer leis para reger o Universo. Ora, considerando-se que os milagres podem ser realizados por Deus e pelo demônio, e levando-se em conta que as leis são obra exclusiva de Deus, o Espiritismo, provando que certos fatos encarados como exceção são aplicações das leis da Natureza, atesta, por isso mesmo, muito mais o poder de Deus que os milagres, pois não atribui senão a Deus o que, na outra hipótese, poderia ser obra do demônio.

Dos fenômenos produzidos pelo Sr. Home ressalta outro ensinamento, e o seu livro vem provar o que temos dito muitas vezes sobre a insuficiência das manifestações físicas para, sozinhas, levarem a convicção a certas pessoas. É fato bem conhecido que muitas pessoas, embora testemunhassem as mais extraordinárias manifestações, não se deixaram convencer, porque não os compreendiam e por lhes faltar base para firmar um raciocínio, neles vendo apenas charlatanice. Por certo, se alguém fosse capaz de vencer a incredulidade por efeitos materiais, este seria o Sr. Home. Nenhum médium produziu um conjunto de fenômenos mais surpreendentes, nem em condições mais honestas e, contudo, hoje, bom número dos que o viram operando ainda o tratam como hábil prestidigitador. Para muitos ele faz coisas muito curiosas; mais curiosas que as realizadas por Robert Houdin; e eis tudo.

Seria de parecer, no entanto, que em presença de fatos tão extraordinários, tornados notórios pelo número e pela qualidade das testemunhas, toda negação fosse impossível e que a França ia ser convertida em massa. Compreender-se que esses fenômenos fossem rejeitados, quando só ocorriam na América, dada a impossibilidade de serem vistos. Mas o Sr. Home veio mostrá-los à fina flor da sociedade e, mesmo aí, encontrou mais curiosos do que crentes, embora desafiasse toda suspeita baseada no charlatanismo. O que faltava a tais comunicações para convencer? Faltava-lhes a chave para serem compreendidas. Hoje não há um só espírita que, tendo estudado um pouco seriamente a ciência, não admita todos os fatos relatados no livro do Sr. Home, sem os ter visto, ao passo que, entre os que os viram, há mais de um incrédulo, como a provar que aquilo que fala ao espírito e se apoia no raciocínio tem um poder de convicção que não possui o que fere apenas os olhos.

Segue-se que a vinda do Sr. Home tenha sido inútil? Certamente não. Dissemos e repetimos: ele apressou a eclosão do Espiritismo na França, pelo brilho que lançou sobre os fenômenos, mesmo entre os incrédulos, provando que não são cercados de mistérios, nem de fórmulas ridículas da magia, e que se pode ser médium sem ter ar de feiticeiro; enfim, pela repercussão que seu nome e o mundo que freqüentou deram à coisa. Sua vinda, pois, foi muito útil, ainda quando fosse apenas para dar ao Sr. Oscar Comenttant oportunidade de falar e fazer o espirituoso artigo que se conhece, para o qual só faltou ao autor conhecer o que queria criticar, absolutamente como se um homem, que de música nada entendesse, quisesse criticar Mozart ou Beethoven.[27]

---

[27] Allan, KARDEC, *Revista Espírita*, p.380 a 385.

# Capítulo V

# Revista Espírita
## (1864)

(fevereiro)

"O Sr. Home em Roma"

Vários jornais reproduziram o seguinte artigo:

O incidente da semana – escrevem de Roma, ao Times – é a ordem dada ao Sr. Home, o célebre médium, para deixar a cidade pontifícia em três dias.

Convidado a apresentar-se à polícia romana, o Sr. Home passou por um interrogatório formal. Perguntaram-lhe quanto tempo pretendia passar em Roma; se se entregava às práticas do Espiritismo depois de sua conversão ao catolicismo, etc., etc. Eis algumas palavras trocadas na ocasião, tais quais o próprio Sr. Home registrou em suas notas particulares, e que ele transmite, ao que parece, com muita facilidade.

– Depois de vossa conversão ao catolicismo, exercestes o poder de médium? – Nem depois, nem antes exerci tal poder, pois, como não depende de minha vontade, não posso dizer que o exerço. – Considerais esse poder como um dom da Natureza? – Eu o considero como um dom de Deus. – Que religião ensinam os Espíritos? – Isto depende. – Que fazeis para que eles venham? – Respondi que nada fazia. Mas no mesmo instante, batidas repetidas e distintas foram ouvidas sobre a mesa onde escrevia o meu investigador. – Mas também fazeis as mesas se moverem? Perguntou ele. No mesmo instante a mesa se pôs em movimento.

Pouco tocado por esses prodígios, o chefe da polícia convidou o mágico a deixar Roma em três dias. Abrigando-se, como era direito seu, sob proteção das leis internacionais, o Sr. Home relatou o fato ao cônsul da Inglaterra, o qual obteve do Sr. Matteucci a garantia de que o célebre médium não seria incomodado e poderia continuar sua estada em Roma, desde que se abstivesse, durante esse tempo, de qualquer comunicação com o mundo espiritual. Coisa admirável! O Sr. Home acedeu a esta condição e assinou o compromisso que lhe exigiam. Como pôde comprometer-se a não usar um poder, cujo exercício independe de sua vontade? É o que não buscaremos penetrar.

Não sabemos até que ponto a narrativa é exata, em todos os seus detalhes. Mas uma carta, escrita ultimamente pelo Sr. Home a uma senhora do nosso conhecimento parece confirmar o fato principal. Quanto às batidas ouvidas na ocasião, julgamos que se pode, sem receio, incluí-las entre as facécias a que nos habituaram os jornais pouco preocupados em aprofundar as coisas do outro mundo.

De fato o Sr. Home está em Roma neste momento; e, para ele, o motivo é muito honroso para que não o digamos, já que os jornais houveram por bem aproveitar a ocasião para o ridicularizar.

O Sr. Home não é rico e não teme dizer que deve buscar no trabalho os recursos para fazer face às despesas sob sua responsabilidade. Pensou em encontrá-los no talento natural que tem pela escultura, e para se aperfeiçoar nesta arte é que foi para Roma. Com a notável faculdade mediúnica que possui, poderia ser rico, muito rico mesmo, se a tivesse querido explorar. A mediocridade de sua posição é a melhor resposta ao epíteto de hábil charlatão, que lhe lançaram ao rosto. Mas ele sabe que essa faculdade lhe foi dada com um fim providencial, para os interesses de uma causa santa, e julgaria cometer um sacrilégio se a convertesse em profissão. Ele tem bem alto o sentimento dos deveres que ela lhe impõe para compreender que os Espíritos se manifestam pela vontade de Deus para reconduzir os homens à fé na vida futura, e não para se exibirem num espetáculo de curiosidades, em concorrência com os escamoteadores, ou para servirem à cupidez dos que pretendessem explorá-la. Aliás, ele também sabe que os Espíritos não estão às ordens nem aos caprichos de ninguém e, menos ainda, de quem quer que queira exibir seus atos e gestos a tanto por sessão. Não há um só médium no mundo que possa garantir a produção de um fenômeno espírita num dado momento, donde forçoso é concluir que a pretensão contrária dá prova de absoluta ignorância dos mais elementares princípios da ciência; sendo assim, toda suposição é permitida, porque se os Espíritos não responderam ao chamado, ou não fizerem coisas muito admiráveis para satisfazer os curiosos e sustentar a reputação do médium, é mesmo necessário encontrar um meio de as dar aos espectadores em troca de seu dinheiro, se não se quiser devolvê-lo.

Nunca repetiríamos em demasia: a melhor garantia de sinceridade é o desinteresse absoluto. Um médium é sempre forte quando pode responder aos que suspeitassem de sua boa-fé: 'Quando pagastes para vir até aqui?'.

Ainda uma vez: a mediunidade séria não pode ser e jamais

será uma profissão. Não só porque seria moralmente desacreditada, mas porque repousa sobre uma faculdade essencialmente móvel, fugidia e variável, que nenhum dos que a possuem hoje está certo de a possuir amanhã. Só os charlatães estão sempre seguros de si mesmos. Outra coisa é um talento adquirido pelo estudo e pelo trabalho que, por isto mesmo, é uma propriedade, da qual é naturalmente permitido tirar partido. De modo algum a mediunidade está neste caso. Explorá-la é dispor de uma coisa da qual realmente não se é dono; é desviá-la de seu objetivo providencial; mais ainda: não é de si próprio que se dispõe, é dos Espíritos, das almas dos mortos, cujo concurso é posto a prêmio. Este pensamento repugna instintivamente. Eis por que em todos os centros sérios, onde se ocupam do Espiritismo santamente, religiosamente, como em Lyon, Bordeaux e tantos outros lugares, os médiuns exploradores seriam completamente desconsiderados.

Que aquele, pois, que não tem de que viver procure alhures os recursos e, se necessário, só consagre à mediunidade o tempo que materialmente a ela possa devotar. Os Espíritos levarão em conta o seu devotamento e os seus sacrifícios, ao passo que, mais cedo ou mais tarde, punem os que esperam dela fazer um trampolim, seja pela retirada da faculdade, pelo afastamento dos bons Espíritos, pelas mistificações comprometedoras, seja por meios ainda mais desagradáveis, como o prova a experiência.

O Sr. Home sabe muito bem que perderia a assistência de seus Espíritos protetores se abusasse de sua faculdade. Sua primeira punição seria perder da estima e da consideração de famílias honradas, onde é recebido como amigo e onde não seria chamado senão da mesma maneira que as pessoas que vão dar representações em domicílio. Quando de sua primeira estada em Paris, sabemos que certos círculos lhe fizeram ofertas muito vantajosas para dar sessões e que ele sempre recusou. Todos os que o conhecem e compreendem os verdadeiros interesses do Espiritismo aplaudirão a resolução que hoje toma. Por nossa conta pessoal nós lhe somos reconhecido pelo bom exemplo que dá.

Se insistimos novamente sobre a questão do desinteresse dos médiuns, é que temos razões de crer que a mediunidade fictícia e abusiva é um dos meios de que se servem os inimigos do Espiritismo com vistas a desacreditá-lo e o apresentar como obra do charlatanismo. É necessário, pois, que todos os que se interessam vivamente pela causa da doutrina se dêem por advertidos, a fim de desmascarar as manobras fraudulentas, se houver, e mostrar que o Espiritismo verdadeiro nada tem de comum com as paródias que dele poderiam fazer, e que repudia tudo quanto se afaste do princípio moralizador, que é sua essência.

O artigo acima referido oferece vários outros assuntos de observação. O autor julga dever qualificar o Sr. Home de mágico; nada há nisto de mais ingênuo. Mas, um pouco adiante ele diz: 'o célebre médium', expressão empregada em relação a indivíduos que adquiriram uma triste celebridade. Onde, pois, as infrações e os crimes do Sr. Home? É uma injúria gratuita, não só a ele, mas a todas as pessoas respeitáveis e altamente colocadas, que o recebem e, assim, parecem patrocinar um homem de má fama.

A última frase do artigo é mais curiosa, porque encerra uma dessas contradições flagrantes com que, aliás, os nossos adversários pouco se inquietam. O autor se surpreende que o Sr. Home tenha consentido no compromisso que lhe impunham e pergunta como pôde ele prometer não fazer uso de um poder independente de sua vontade. Se ele quisesse

_Daniel Dunglas Home: O Médium Voador_

sabê-lo, nós o remeteríamos ao estudo dos fenômenos espíritas, de suas causas e de seu modo de produção, e ele ficaria sabendo como o Sr. Home pôde assumir um compromisso que, ademais, não diz respeito às manifestações que ele obtém na intimidade, ainda que sob os ferrolhos da Inquisição. Mas parece que o autor não liga tanto, já que acrescenta: 'É o que não buscaremos penetrar.' Por essas palavras, insidiosamente dá a entender que tais fenômenos não passam de embuste.

Todavia, a medida tomada pelo governo pontifício prova que este tem medo das manifestações ostensivas. Ora, não se pode temer um jogo de habilidades. Esse mesmo governo interditaria os supostos físicos, que imitam muito essas manifestações? Não, certamente, porque em Roma permitem muitas outras coisas menos evangélicas. Por que, então, interditá-las ao Sr. Home? Por que querer expulsá-lo do país, se não passa de um prestidigitador? Dirão que é no interesse da religião; seja. Mas, então, essa religião é muito frágil, já que pode ser comprometida com tanta facilidade. Em Roma, como noutro lugar, os escamoteadores executam, com maior ou menor habilidade, o truque da garrafa encantada, na qual a água se transforma em todas as espécies de vinho, e o do chapéu mágico, no qual se multiplicam pães e outros objetos. Entretanto, não receiam que isto desacredite os milagres de Jesus-Cristo, pois é sabido que não passam de imitações. Se temem o Sr. Home, é que há de sua parte algo sério e não truques habilidosos.

Tal a conseqüência que tirará todo homem que refletir um pouco. Não entra na cabeça de nenhuma pessoa sensata que um governo, que uma corte soberana, composta de homens que, com toda justiça, não passam por tolos, se apavorem com um mito. Esta reflexão – por certo não seremos os únicos a fazê-la – e os jornais que se apressaram em divulgar o incidente, com vistas a ridicularizá-lo, muito naturalmente vão provocá-la, de sorte que o resultado será, como o de tudo que já foi feito para matar o Espiritismo, o de popularizar a idéia. Assim um fato, aparentemente insignificante, terá, inevitavelmente, conseqüências mais graves do que tinham pensado. Não duvidamos que tenha sido suscitado para apressar a eclosão do Espiritismo na Itália, onde já conta numerosos representantes, mesmo no clero. Também não duvidamos que a cúria romana se torne, mais cedo ou mais tarde, e sem o querer, um dos principais instrumentos de propagação da doutrina nesse país, porque está no destino que seus próprios adversários devem servir para espalhar por toda parte aquilo que eles mesmos farão para a destruir. Cego, pois, quem nisto não ver o dedo da Providência. Sem contradita, será um dos fatos mais consideráveis da história do Espiritismo, um dos que melhor atestam seu poder e sua origem.[28]

---

[28] Allan, KARDEC, *Revista Espírita*, p.53 a 59.

(março)

## "O Sr. Home em Roma" - conclusão

A ordem que tinha sido dada ao Sr. Home pelas autoridades pontifícias, de deixar Roma em três dias, tinha sido revogada, como vimos em nosso último número. Mas não se reprime o medo e mudaram de idéia; a licença de permanência foi retirada definitivamente, obrigando o Sr. Home, sob a acusação de feitiçaria, a partir imediatamente. É bom dizer que as batidas e o levantamento da mesa durante o interrogatório, que tínhamos relatado em forma dubitativa, pois não tínhamos certeza, são exatos. Isto devia ser um motivo a mais para pensar que o Sr. Home trazia consigo o diabo a Roma, onde jamais havia penetrado, ao que parece. Ei-lo, pois, bem e devidamente convicto, pelo governo romano, de ser um feiticeiro; não um feiticeiro para rir, mas um verdadeiro feiticeiro, pois, do contrário, não teriam levado a coisa a sério. Tivemos sob os olhos o longo interrogatório a que o submeteram, e a leitura, pela forma das perguntas, levou-nos involuntariamente aos tempos de Joana D'Arc; só faltava o desfecho comum da época para essas espécies de acusação. Os jornais brincalhões admiram-se de que no século dezenove ainda acreditem em feiticeiros.

É que há pessoas que dormem o sono de Epimênides há quatro séculos. Aliás, como não acreditaria o povo, quando sua existência é atestada pela autoridade que a deve conhecer melhor, já que mandou queimar tanta gente? É preciso ser céptico como um jornalista para não se render a uma prova tão evidente. O que é mais surpreendente é que se façam reviver os feiticeiros nos espíritas, logo eles que vêm provar, com as peças nas mãos, que não há feiticeiros nem maravilhoso, mas apenas leis naturais.[29]

---

[29] Allan, KARDEC, *Revista Espírita,* p.123.

(agosto)

"Os milagres de nossos dias"

Na edição da **Revue Spirite** de agosto de 1864, Allan Kardec comenta a respeito de uma publicação de autoria de um Sr. Aug. Bez, de Bordeaux, em que esse relata as manifestações produzidas por um médium chamado Jean Hilaire, considerado extraordinário, cujas faculdades lembrariam, sob muitos aspectos, segundo o Codificador, as do médium Daniel Dunglas Home, chegando mesmo a ultrapassá-las em certos pontos. E diz Allan Kardec:

O Sr. Home é um homem do mundo, de maneiras afáveis e cheias de urbanidade, que só se revelou à mais alta aristocracia. Jean Hillaire é um simples cultivador da Charente-Inférieure, pouco letrado, que vive do seu trabalho. Suas maiores excursões, ao que parece, foram de Sonnac, seu vilarejo, a Saint-Jean d'Angely e a Bordeaux; mas Deus, na repartição de seus dons, não leva em contas as posições sociais; quer que a luz se faça em todos os graus da escala, razão por que os concede aos grandes e aos pequenos.

A crítica e a calúnia odiosa não pouparam o Sr. Home. Sem

consideração às altas personagens que o honraram com sua estima, que o receberam e ainda o recebem em sua intimidade, a título de comensal e amigo, a incredulidade zombeteira, que nada respeita, se deleitou em ridicularizá-lo, em apresentá-lo como um vil charlatão, um hábil prestidigitador, numa palavra, como um saltimbanco de fina educação. Não se deteve nem mesmo ante a idéia de que tais ataques atingiam a honorabilidade das mais respetáveis pessoas, acusadas, por isso mesmo, de conivência com um suposto ilusionista. Dissemos a seu respeito que basta tê-lo visto para julgar que seria o mais desastrado charlatão, porque não tem atitudes audaciosas nem loquacidade, que se não coadunariam com a sua timidez habitual. Aliás, quem poderia dizer que alguma vez ele tivesse fixado preço às suas manifestações? O motivo que ultimamente o conduzia a Roma, de onde foi expulso, para ali se aperfeiçoar em escultura e desta tirar seus recursos, é o mais formal desmentido aos seus detratores. Mas que importa! Eles disseram que é um charlatão, e não querem dar o braço a torcer.

(...) Esta obra [Kardec refere-se à publicação do Sr. Aug. Bez] (NO) difere da do Sr. Home; [Inferimos que Kardec alude à publicação de autoria de Daniel Dunglas Home, por ele comentada na Revista Espírita de setembro de 1863] (NO) em vez de ser uma simples compilação de fatos, muitas vezes repetidos, sem deduções nem conclusões, encerra, sobre quase todos os que são relatados, apreciações morais e considerações filosóficas que dele fazem um livro ao mesmo tempo interessante e instrutivo, no que se reconhece o espírita, não só convicto, mas esclarecido.[30]

---

[30] Allan, KARDEC, *Revista Espírita*, p.341 e 344.

# Capítulo VI

## A Gênese
## (1868)

Nesse quinto volume da Codificação Espírita, publicado em agosto de 1868, Allan Kardec dedica o capítulo XIV ao exame da natureza e propriedades dos fluidos, dentre outros temas, a exemplo, das manifestações físicas e, no item 43, explica que:

> (...) quando uma mesa se destaca do solo e flutua no espaço sem ponto de apoio, o Espírito não a ergue com a força de um braço; envolve-a e penetra-a de uma espécie de atmosfera fluídica que neutraliza o efeito da gravitação, como faz o ar com os balões e os papagaios.

Em seguida, esclarece que, depois do que foi dito, *que não há, para o Espírito, maior dificuldade em arrebatar uma pessoa, do que em arrebatar uma mesa, em transportar um objeto de um lugar para outro, ou em atirá-lo seja onde for. Todos esses fenômenos se produzem em virtude da mesma lei.*

Em nota de rodapé o Codificador enfatiza, então, que:

> Não menos positivo é o fato do erguimento de uma pessoa; mas, tem que ser muito raro, porque mais difícil de ser imitado. É sabido que o **Sr. Home** se elevou mais de uma vez até ao teto, dando assim volta à sala. Dizem que S.Cupertino possuía a mesma faculdade, não sendo o fato mais miraculoso com este do que com aquele.[31]

---

[31] Allan, KARDEC, *A Gênese*. p. 302.

# SEGUNDA PARTE

## Citações a respeito de Daniel Dunglas Home em obras de outros escritores

# Capítulo I

# Léon Denis (1846 - 1927)
## Comentários no livro
## No Invisível

Léon Denis, contemporâneo de Allan Kardec, nasceu em Foug, circunscrição de Toul, a 01 de janeiro de 1846, desencarnando em Tours, cidade a 235 km de Paris, a 12 de abril de 1927, tendo dedicado mais de cinquenta anos à divulgação do Espiritismo. Em sua obra **No Invisível**, publicada em 1903, ele descreve a vida no mundo espiritual, discorre a respeito da comunicação dos Espíritos e sobre a mediunidade, consoante, sobretudo, sua experiência pessoal.

Nesse livro, certamente embasado nos ensinamentos do Mestre de Lyon, Denis examina a questão do fenômeno das mesas girantes, caracterizado como *fenômeno físico* e cita certas experiências do médium Daniel Dunglas Home em cuja presença

> (...)um acordeão, encerrado numa caixa ou suspenso no ar, tocava sozinho doces melodias (Denis, em nota de rodapé, informa ter colhido essa informação na obra Le Médium D. Home, de autoria de Louis Gardy), o peso dos corpos aumentava ou diminuía à vontade e que uma mesa tornava-se alternadamente pesada, ao ponto de se não poder levantá-la, ou tão leve que se suspendia ao menor esforço.

Home, informa Léon Denis, foi recebido por vários soberanos e o Imperador Alexandre II obteve em sua presença uma manifestação pouco comum:

> Em plena luz, a mão de um Espírito abriu um medalhão que se ajustava sobre um dos botões do uniforme que o imperador trazia, medalhão em que estava encerrado o retrato do falecido czarevitch;[32] uma comunicação, ditada por pancadinhas sobre o botão, veio em seguida demonstrar ao czar que o Espírito que se manifestava era exatamente aquele em que havia pensado.

Em 16 de dezembro de 1868, ocorreria, informa Léon Denis, memorável sessão em Ashleyhouse, Londres, assistida por Lorde Lindsay, Lorde Adare e o Capitão Wyne, quando o médium Daniel Dunglas Home, em transe mediúnico, foi "levantado e projetado da parte de fora de uma janela, suspenso a essa altura da rua, e entrou por uma outra janela".

Lorde Lindsay, convidado a dar testemunho do fato perante a Sociedade Dialética, assim se pronunciou:

> Víamos Home flutuando no ar, fora da janela, a uma distância de seis polegadas. Depois de ter ficado nessa posição durante alguns segundos, levantou pela outra janela, resvalou pelo quarto, com os pés para frente, e voltou a sentar-se.
> As duas janelas ficam a 70 pés acima do solo, separadas entre si de sete pés e seis polegadas.

---

[32] *Czarevitch*: "O filho mais velho de um russo czar". *http://*www.thefreedictionary.com (N.O.)

Denis destaca que esses fenômenos se produziam em casas em que Home jamais havia penetrado antes, e onde não poderia fazer preparativo algum, nem recorrer a artifícios especiais.[33]

---

[33] Léon, DENIS, *No Invisível*, p.203 e 204.

# Capítulo II

## I. G. Edmonds (?-?)
## Comentários no livro D.D.Home:
## O Homem que Falava com os Espíritos

I.G. Edmonds, ex-fotógrafo de avião de combate a serviço da Força Aeroespacial Norte-Americana, estruturou o seu livro sobre o médium Daniel Dunglas Home, publicado em 1978 e divulgado no Brasil pela Editora Pensamento, com tradução de Nair Lacerda, em 14 capítulos.

## 1. Médium autêntico ou engenhoso charlatão

Acompanhemos os próprios comentários de I.G.Edmonds:

> Daniel Dunglas Home afirmava poder conversar com Espíritos. Esses Espíritos, dizia ele, eram seus amigos, e além de com ele se comunicar, através de misteriosas batidas, ajudavam-no a realizar truques especiais. Certa vez auxiliaram-no a sair flutuando por uma janela, numa casa de três pavimentos, e a entrar por outra janela. Protegeramno, também, quando ele meteu a cabeça numa lareira acesa. Home podia pegar na mão brasas ardentes, fazer mesas e cadeiras se moverem na sala, aparentemente intocadas por outras mãos que não as de seus amigos, os Espíritos. Fazendo coisas assim, Home expôs-se, naturalmente, à

acusação de que seria um charlatão. Médium espírita numa época em que milhares de exploradores das pessoas crédulas diziam comunicar-se com os mortos, Home foi uma figura única entre esses médiuns. Jamais aceitou dinheiro pelo seu trabalho. Enquanto outros ocultavam os estratagemas trabalhando em total escuridão, Home trabalhava – a não ser em raras ocasiões – com algum tipo de luz. Seus convidados eram autorizados a interromper a qualquer momento os trabalhos para fazer a busca de um possível aparelhamento usado pelo invocador. Muitas vezes fizeram isso, mas nada foi encontrado. Ao contrário do que aconteceu com muitos médiuns famosos daquela época, ninguém jamais provou que Home usasse qualquer espécie de estratagema.

Os feitos de Home parecem fantásticos, impossíveis, quando hoje os lemos, mais de 100 anos depois. Contudo, é impressionante o testemunho dos que o viram. Ainda mais impressionante são os mesmos das pessoas que acreditaram na sua capacidade de conversar com os Espíritos(...).

Desse modo, a dúvida permanece: era Daniel Dunglas Home alguém que tinha, realmente, Espíritos amigos, ou foi ele o melhor charlatão do mundo? Ninguém jamais conseguiu provar nem uma coisa nem outra. [Inúmeros fatos comprovam a existência dos Espíritos, sobretudo aqueles examinados pelo Codificador do Espiritismo, Allan Kardec] [N.O.] Mas, fosse ele um médium verdadeiro, ou um engenhoso impostor, a vida de Daniel Dunglas Home é uma vida bastante fora do comum. Jovem pobre, de Connecticut, trilhou um caminho que o levou a conviver com reis e rainhas. [34]

---

[34] I.G. EDMONDS, *D.D.Home: O homem que falava com os espíritos*, p.1 e 2.

## 2. O homem flutuante

Neste capítulo, I.G.Edmonds relata o famoso fenômeno de levitação, ocorrido em 1868 e realizado pelo médium, em uma mansão, em Londres, pertencente ao jovem Lord Lindsay, presentes, ainda, Lord Adare, o Capitão Charles Wynne e o Capitão Gerald Smith. Os participantes da reunião viram Home flutuar no espaço, do lado de fora de uma das janelas da casa. O chão ficava três andares abaixo. Enquanto eles se conservavam sentados e perplexos, presenciando o fantástico fenômeno, "Home abriu a janela e entrou no aposento, atravessando-o ainda em transe, e tomando sua posição anterior na cadeira".

Relata, ainda, o encontro de Home com uma princesa, Metternich, cujo marido era um diplomata austríaco, quando, em 1863, na casa de madame Jauvin d'Attainville, o príncipe Joachim Murat levou o médium Home, que era o seu hóspede. Durante a festa, os Espíritos fazem contato com o médium, ocorrendo "batidas" e outros fenômenos.[35]

## 3. A criança e os Espíritas[36]

Daniel Dunglas Home nasceu numa pequena aldeia, próximo a Edinburgh, Escócia, no dia 20 de março de 1833. Em sua autobiografia, **Fatos da Minha Vida, (Incidents in My Life) (N.O.)** Home nada diz, praticamente, sobre o seu pai, mas, sobre sua mãe [Betsey McNeal, em solteira], escreve:

---

[35] I. G. EDMONDS, D. D. HOME: *O homem que falava com os espíritos,* p. 3 a 9.

[36] Cremos que a tradução deveria ser *"e os Espíritos"*, mais coerente com o texto. (N.O.)

Minha mãe foi uma vidente durante a sua vida. Tinha, o que se conhece na Escócia, como uma segunda visão.[37] Em muitas ocasiões, viu coisas acontecidas a distância, como mais tarde vínhamos a saber, e via essas coisas tal como haviam acontecido. Tinha, também, a premonição de muitos fatos que ocorreram na família, e previa o falecimento de parentes. Por fim, previu a própria morte, quatro meses antes que ela se desse.

I.G. Edmonds relata neste capítulo outros fatos, a exemplo de como o médium previu a morte de um primo, quando tinha quatro anos de idade. As primeiras manifestações mediúnicas mais ostensivas, a partir dos treze anos. A saúde frágil, com o princípio da doença que o afligiria durante toda a vida, a tuberculose.

Nesta fase da adolescência, Daniel sentiria o impacto do "famoso mistério de Hydesville", ocorrido em 1848 nos Estados Unidos da América do Norte, com a família Fox. Ele tinha quinze anos.[38]

Comenta Edmonds:

A enorme publicidade dada ao mistério de Hydesville convenceu outras pessoas de que também elas poderiam conversar com os mortos. Centenas delas se fizeram anunciar como médiuns. A esse tempo, Daniel Home tinha quinze anos. Em anos posteriores ele declarou ter ouvido, vagamente, falar sobre as irmãs Fox, mas nada saber sobre o

---

[37] Vide *O Livro dos Espíritos*, de Allan Kardec, parte segunda, cap. IX, p.447 a 455. (N.O.)

[38] Sobre a história de Hydesville e as irmãs Fox vide *História do Espiritismo*, de Arthur Conan Doyle. (N.O.)

seu trabalho.

Não parece possível que ele pudesse realmente ter ignorado coisa tão espantosa como a possibilidade de pessoas comuns se comunicarem com os mortos.

E continua o autor:

Se Home ficou indiferente às notícias sensacionais sobre o caso, com dois jovens irmãos de Buffalo, Nova Iorque, não aconteceu o mesmo. Ira Davenport, de nove anos de idade, e seu irmão William Henry Davenport, de sete, deslumbraram-se com as histórias das duas meninas que podiam conversar com os Espíritos. Imediatamente tentaram fazer o mesmo. Com o tempo se tornaram os famosos irmãos Davenport,[39] cujo caminho se cruzaria com o de Home, anos depois, em Londres, Inglaterra.

## 4. Mesas que se Movem e uma Tia Zangada

Os comentários, neste capítulo, envolvem relatos interessantes da vida do médium Home. É uma fase em que Daniel Home começou a ter contato com o mundo oculto e voltou-se para a religião, optando pela igreja metodista, o que deixou furiosa a sua tia, Mary Cook, que era presbiteriana, levando-o, então, a passar para a igreja congregacionista.

Era a primavera do ano de 1850, Daniel estava com dezessete anos e vivia em Norwich, Connecticut – sua mãe morava em Waterford, onze milhas de distância – onde ele

---

[39] Sobre os irmãos Davenport vide *História do Espiritismo*, de Arthur Conan Doyle. (N.O.)

vivia com uma sua tia. É quando ele tem a premonição da morte de sua mãe, fato que relata à sua tia. Tempos depois, ocorrem na residência estranhas batidas, vindas da mesa do almoço. A Srª. Cook, tia de Home, empalidece e declara: "Tu trouxeste o demônio para a minha casa!" Ela, então, procura auxílio religioso para Daniel, através de três ministros de igrejas diferentes. Os fenômenos, contudo, continuam, com intensidade, com deslocamento de móveis sem ajuda visível. Um dia a Srª. Cook resolve apelar para a Bíblia, colocando-a sobre a mesa, para "afastar os demônios". Porém, "a mesa se moveu ainda mais animadamente".

Neste período, Daniel Dunglas Home terá, também, pela primeira vez, contato com outro médium, Henry Gordon, na primavera de 1852, sensitivo que estava atraindo muita atenção na cidade de Springfield, Massachusetts. Em uma das sessões que realizou com Gordon, o médium Home conheceu Rufus Elmer, que acreditava firmemente na veracidade dos fenômenos. A Srª. Elmer, porém, desacreditava nele, com idêntica firmeza.

> Sua atitude modificou-se quando Daniel entrou em transe. Ele lhe disse os nomes de todos os seus parentes, de seus filhos mortos, as últimas palavras que esses filhos tinham dito antes de morrer. Os Elmer ficaram profundamente impressionados, e de tal forma, que convidaram Daniel para hospedar-se em sua casa.[40]

## 5.   Música e uma Visão da Morte

Home fora doentio desde o seu nascimento. De vez em quando seu trabalho era interrompido pela doença, ele sofria

---

[40] I.G., EDMONDS, *O homem que falava com os espíritos*, p.17 a 24.

de tuberculose, mais avançada num pulmão do que em outro(...). Esse período de sua vida foi caracterizado por uma inquietação que não lhe permitia ficar num lugar durante muito tempo. Vivia em constante mudança(...). Apesar de sua difícil posição financeira, Home continuou a recusar dinheiro para trabalhar em sessões. Em certa ocasião, num período na cidade de Nova Iorque, teve prazer em ir para junto dos pobres e levar alegria a mães enlutadas, parecendo transmitir-lhes mensagens de seus filhos mortos.

Em 1853 – relata Edmonds – enquanto estava em Boston, Home acrescentou mais uma demonstração incomum às suas sessões. Tratava-se da música espírita(...). Essa música espectral desenvolveu-se aos poucos até ser ouvida nas sessões de Daniel. Então, vindas com a música invisível, as manifestações se tornaram visíveis; uma guitarra, que, aparentemente, tocava sozinha.


Em 1853, Daniel Home estava com 20 anos e havia já três anos que enfrentava o público na qualidade de médium. Neste ano passaria por um processo de "quase-morte", ou um fenômeno de "desdobramento astral", como informa I.G. Edmonds, quando então recebe vários esclarecimentos, inclusive sobre o fenômeno da morte que *não é senão um segundo nascimento*, narra-lhe a voz que com ele se comunica naquele instante de desprendimento perispiritual, que ele, em suas memórias, supõe ser uma sua jovem irmã que morrera muitos anos antes.

Em 1855, o seu estado de saúde piora e os médicos aconselham viagem à Inglaterra, para onde ele parte em 31 de março daquele ano. "Tinha, então, vinte e dois anos, e caminhava para a fama internacional, fama que seria acompanhada dos mais duros ataques por parte de algumas pessoas famosas".[41]

## 6. Amigos e inimigos Ingleses

Daniel chegou à Inglaterra em 09 de abril de 1855. No hotel em que se hospedou grande número de pessoas acorreu para ver o espantoso jovem médium. Neste capítulo, I.G. Edmonds relata os diversos relacionamentos mantidos por Home na Europa, sobretudo com a nobreza.

Nessa estada, Home recebe convite de Lord Henry Brougham, que deseja conhecê-lo e que gostaria de levar consigo um amigo, *Sir* David Brewster, notável cientista da época. Durante a sessão, ocorrem fenômenos em que uma mesa move-se de cima para baixo e um acordeão desliza no ar, tocando uma canção.

Este capítulo relata as reações de David Brewster aos fenômenos produzidos por Home, inclusive mediante depoimentos em jornais da época, que registraram "a contenda entre Daniel Dunglas Home e o cientista". Em sua obra **Incidents in My Life [Acontecimentos em Minha Vida]** "Home incluiria um apêndice intitulado Sir David Brewster, onde reúne todas as provas que lhe eram favoráveis, e tentava refutar os seus argumentos, ponto por ponto".

## 7. Escritor Curioso e Poeta Colérico

Sir Edward Bulwer-Lytton, o autor de **Os Últimos Dias de Pompéia**, estava interessado no médium Daniel

---

[41] I.G., EDMONDS, *O homem que falava com os espíritos*, p. 25 a 33.

Dunglas Home, "em parte devido à atenção que sempre dera ao ocultismo", é o que declara Edmonds neste capítulo do seu livro. Aquele escritor, Sir Edward, em 1842 publicou outra obra intitulada **Zanoni,** na qual introduziu tudo quanto tinha aprendido em ocultismo. Zanoni, o herói do romance, era um *super-homem*, que tinha obtido um elixir que prolongava a vida e o mantinha sempre jovem.

Sir Edward participou de uma sessão com Home, onde foi utilizada uma prancha com o alfabeto para que Home pudesse indicar as letras que lhe eram indicadas pelos Espíritos. O escritor Bulwer-Lytton perguntou qual era o Espírito que estava presente e obteve como resposta que era o Espírito que o tinha influenciado para que escrevesse **Zanoni.**

Narra Edmonds que em um livro chamado **Life and Mission of Home**, [**Vida e Missão de Home**] de 1888, de autoria da esposa de Daniel Home, ela declara que "Lord Lytton estava perfeitamente convencido da autenticidade dos fenômenos que presenciou ao lado do Sr. Home, e convencido, mesmo, da sua origem espiritual, mas era tímido demais para confessar publicamente suas convicções".

Em outro livro da autoria da Srª. Home, **The Gift of D.D.Home**, [**O Dom de D.D.Home**] ela escreveu: "Lord Lytton via os fatos do Espiritismo através de uma névoa de fantasia relacionada com silfos, gnomos, 'habitantes dos limiares', e criaturas angélicas ou diabólicas, feitas de fogo ou de ar".

Outro grande escritor inglês, narra Edmonds, o poeta Robert Browning, "que também participou de uma sessão com o médium Daniel Dunglas Home, dela saiu como inimigo do jovem médium, mais violento ainda do que Sir David Brewster".

O caso Home-Browning foi tão sério que este último, certa ocasião, declarou que atacaria Home a pontapés, como a um cão, se tornassem a se encontrar.

Contudo, informa Edmonds que a esposa de Robert, a também poetisa Elizabeth Browning, "acreditava em Home tão ardentemente quanto seu caprichoso marido desacreditava.O romance entre Robert Browning e Elizabeth Moulton-Barrett, é uma das grandes histórias de amor da Inglaterra", declara I.G.Edmonds. "Suas notáveis cartas de amor foram conservadas e publicadas". Elizabeth voltou-se para a poesia em 1840 e fez seu pai imprimir uma coleção de seus poemas, que teve sucesso e a poetisa ficou famosa, o que chamou a atenção de Robert Browning, expressando-lhe a sua admiração pela arte que ela cultivava.

Elizabeth, comenta Edmonds, expandiu seu sentimento em relação a Robert em uma série de quarenta e dois sonetos conhecidos como **Sonnets from the Portuguese**. O título advém do apelido carinhoso, *portuguesinha,* por causa de seus cabelos pretos, com que Robert se referia a Elizabeth.

"Os Browning teriam ouvido falar de Home pela primeira vez quando ainda estavam na Itália, voltando a Londres em 1855", comenta Edmonds, e foram a uma sessão com Home. Mas o encontro com os Browning *mostrou-se tão doloroso* que Home não faria menção em sua autobiografia **Incidents in My Life**, publicada em 1863.

Depois dessa publicação, Browning fez uma perversa descrição de Home num longo poema chamado Sr. Sludge, Médium. Home respondeu em seu segundo livro de memórias Incidents in My Life, 2nd Series, publicado em 1872. Nesse livro Home repetiu sua afirmação anterior de que a inimizade de Browning fora conseqüência de ciúme.

Sludge significa escória lamacenta, refugo. O poema inteiro usa duas mil linhas, todas condenando um médium chamado 'Sr.Sludge'. Embora o nome de Home não fosse usado no poema, todos o que o leram, quando de sua publicação em 1864, sabiam que Browning estava acusando o agora famoso Daniel Dunglas Home.

Informa-nos, ainda, I.G.Edmonds, em sua obra sob comentário, que a Srª. Home escreveu, em **Life and Mission of Home**:

> Talvez nenhuma das falsidades que circularam aos milhares em relação ao Sr.Home, fosse repetida mais persistentemente do que a afirmativa de que ele fora descoberto fraudando pelo Sr. Roberto Browning. O próprio Sr. Browning, em sua pouco poética expansão, 'Mr. Sludge, the Medium', parece emprestar certo colorido àquela fábula. De outra maneira, ela teria morrido de morte natural como acontece às calúnias que não têm um grão de verdade em sua composição.

Em decorrência do conflito Home-Browning ocorreram posições diversas de autores da literatura inglesa quanto ao médium. Charles Dickens, por exemplo, expressou o seu apoio a Browning e, segundo Edmonds:

> Era inimigo do Espiritualismo, o que ele considera surpreendente, por duas razões. A primeira estava no fato de ter ele escrito uma das mais famosas histórias de fantasmas

da literatura inglesa, 'A Christmas Carol'. A segunda envolve sua cunhada adolescente, Mary Hogarth, pela qual ele nutria especial afeição. Sua morte foi um grande golpe para Dickens, que pensava ter sempre junto de si o Espírito da moça.

A rixa de Home com Brewster e Browning estendeu-se por certo número de anos.[42]

## 8. Poderes Perdidos e um Papa Amistoso

"O ataque de Browning foi um golpe para Home, mas depressa ele se recuperou da humilhação", declara Edmonds. Home vai para a Itália, onde os Browning também tinham casa, em Florença. A Srª. Browning continuou recebendo uma cascata de cartas sobre Home.

Na Itália, continua Edmonds, a opinião voltou-se duramente contra Home, embora ele ainda fosse procurado pelos seus poderes ocultos.

É nessa fase *italiana* que:

A saúde combalida de Home, seu estado nervoso, e o amargo ressentimento que nutria pelo tratamento que vinha recebendo, combinaram-se para lhe fazer extremamente difícil a continuação das sessões. Assim, no dia 10 de

---

[42] I.G., EDMONDS, *O homem que falava com os espíritos*, p. 44 a 56.

fevereiro de 1856 ele anunciou que os Espíritos seus amigos lhe tinham dito que o poder de comunicação com eles lhe iria ser retirado por um ano inteiro.

Home viaja para Nápoles e para Roma, com o Conde Branicka e sua família. O Conde era católico na Polônia e fez saber que Home havia perdido seu poder espiritual e que o médium não tentaria realizar sessão alguma em Roma. Mesmo assim, os acontecimentos se precipitaram e finalmente levaram Home a uma audiência pessoal com o Papa Pio IX.[43] Ao se despedirem, o Papa deu a Home uma medalha de prata. Depois, ele começou a ler a história da Igreja Católica e a decisão de converter-se ao Cristianismo, "com intenção de entrar para um convento, renunciando inteiramente ao mundo.Contudo, o chamado do mundo oculto foi mais forte, e assim o provou".[44]

## 9. Retorno dos Espíritos e uma Imperatriz Zangada

Em junho de 1856 Home chega a Paris acompanhado do Conde Branicka. Após ter passado um ano da perda do seu poder especulava-se em Paris sobre o seu possível retorno. O padre francês Ravignan, que agora orientava Home, por indicação do Papa Pio IX, discute o assunto com o médium, que insiste que "não tinha poder para invocar os Espíritos. Eles vinham por vontade própria e por vontade própria se iam trabalhando através dele quando tal coisa lhes parecia bem".

Finalmente, na noite de 10 de fevereiro de 1857, [dois meses depois, em 18 de abril de 1857, Allan Kardec lançaria

---

[43] Giovanni Maria Mastai Ferretti (1792-1878). (N.O.)
[44] I.G. EDMONDS, *O homem que falava com os espíritos*, p.57 a 65.

em Paris *O Livro dos Espíritos*] (N.O.) Home estava doente, acamado, sem poder dormir, quando, após a meia-noite ele ouve pancadas ruidosas no quarto. Seus Espíritos amigos tinham voltado! "A mão de um Espírito amigo colocou-se sobre a sua testa febril e ele ouviu uma voz que dizia: 'Anima-te, Daniel, depressa estarás bom'. Alguns minutos depois, Home adormecia".

Neste capítulo Edmonds comenta, ainda, o encontro de Home com Napoleão III, da França e com a Imperatriz Eugênia, sua esposa, em 13 de fevereiro de 1857, tendo ocorrido uma sessão íntima, da qual participaram apenas os soberanos e poucas pessoas, tendo a revista americana *Harper's Weekly* publicado matéria sobre o assunto em seu exemplar de 12 de setembro de 1857.

Declara Edmonds que:

Desde esse momento a Imperatriz Eugênia foi uma ardente partidária de Home, tal como Elizabeth Barrett Browning e que muitas memórias deixadas por pessoas famosas do Segundo Império, referem-se a Home e que embora muitos jornais atacassem Home sem misericórdia, alguns o tratavam com maior justiça. Um jornal de Hartford, Connecticut, escreveu: 'Vemos como o mais notável dos homens vivos. Homem algum que não tenha testemunhado o que é feito com a presença de Home, pode dizer que tem o direito de dar opinião sobre o Espiritismo.[45]

---

[45] I.G. EDMONDS, *O homem que falava com os espíritos*, p.66 a 75.

## 10. Estilhaços de Tijolos, Flores e Sinos de Bodas

Neste capítulo I.G. Edmonds informa que quando de sua estada em Roma, o médium recebeu convite para jantar com o conde Gregório de Koucheleff e durante o encontro Home foi apresentado à irmã adolescente da Condessa, Alexandrina de Kroll (Sacha), filha de um general do exército russo. Dentro de doze dias estavam noivos e casaram-se em 01 de agosto de 1858, primeiro em uma cerimônia ortodoxa russa, e a seguir, a pedido de Home, em uma segunda cerimônia, essa católica. O nascimento do primeiro filho, de nome Gregório, ocorreu em 08 de maio de 1859.

Edmonds comenta no seu texto o caso do Juiz John Worth Edmonds (1816-1874), do Supremo Tribunal de Nova Iorque, "uma das primeiras pessoas importantes a aceitar o Espiritismo", mas que foi obrigado a renunciar à corte de justiça, tendo sido acusado de permitir que os Espíritos influenciassem o seu julgamento nos processos.

Há outros comentários neste capítulo, acerca do relacionamento entre Home e o famoso romancista francês, autor de **Os Três Mosqueteiros** *(1844)*, **O Conde de Monte Cristo** e outros, Alexandre Dumas [Pai] (1802-1870); cita, ainda, os ataques violentos ao Espiritismo, e sua ida para a Inglaterra, onde o seu poder retornou.[46]

## 11. Corpos Flutuantes e Truques com Fogo

Aqui, novos relatos sobre os fenômenos produzidos por

---

[46] I. G. EDMONDS, *O homem que falava com os espíritos*, p. 76 a 86.

Home e a citação, por I.G. Edmonds, do livro do notável biólogo Alfred Russel Wallace (1823-1913), que escreveu em seu livro **Miracles and Modern Spiritualism (Milagres e Moderno Espiritualismo)**:

> Talvez o mais extraordinário fenômeno e o que melhor confirma a mediunidade do Sr. Home, fosse o que se chamou o teste do fogo.
>
> Em estado de transe o Sr. Home apanhou uma brasa ardente da parte mais forte de um fogo brilhante, e levou-a ao redor da sala, de forma que todos pudessem ver e sentir que ela era verdadeira.

Há outros comentários, no livro de I.G. Edmonds, sobre esse impressionante fenômeno, inclusive o depoimento do reverendo William Stainton Moses,[47] que participou de uma sessão com o famoso químico William Crookes. Vinte anos depois dessa sessão, um homem chamado F.W.H.Myers[48], que escreveu a Sir William Crookes, indagando sobre a verdade do relato de Stainton Moses sobre o "teste do fogo", tendo Crookes respondido, em carta de 09 de março de 1893, "que recordava distintamente daquela sessão e que podia corroborar com o relato do reverendo Moses".[49]

## 12. Bons e Maus Anos

Este capítulo é dedicado por Edmonds a várias

---

[47] Autor da obra *Ensinos Espiritualistas*, publicada pela FEB. (N.O.)

[48] Frederick William Henry Myers (1843-1901), psicólogo e escritor inglês, fundador da Society for Psychical Research. (N.O.)

[49] I.G. EDMONDS, *O homem que falava com os espíritos*, p.86 a 96.

informações. No limiar, o triunfo do retorno de Home a Paris e depois à Rússia, sendo recebido por Napoleão III e por Alexandre II, respectivamente. Contudo, Home é abalado pelo declínio da saúde de sua mulher, que vem a falecer no dia 3 de julho de 1862 [fato relatado por Allan Kardec na **Revista Espírita** de agosto de 1862] na casa de sua irmã, a Condessa Luba Kouchellef-Besborodka. Ela tinha vinte e dois anos.

Ao fim de 1863 Home decide tornar-se escultor. Foi para Roma a fim de persuadir William Wetmore Story, famoso escultor americano, a tomá-lo como aluno.

Durante sua estada em Roma, em janeiro de 1864, o chefe de polícia da cidade convidou Home *a se mudar para outro lugar* e fez sentir que o Vaticano tinha colocado o livro autobiográfico de Home **Incidents in My Life** em seu *index* de livros proibidos. "Home, indignado, recusou-se a sair. Quando o policial o interrogou sobre a sua afirmação de que falava com Espíritos, batidas foram ouvidas através de toda a sala do interrogatório".

Neste capítulo, também, Edmonds relata o famoso processo movido contra Home pela Srª. Jane Lyon, viúva que ele conhecera em 1866, de setenta e cinco anos de idade, acerca de uma doação que ela fizera ao médium e que resolvera cancelar judicialmente. Vários episódios envolvem o acontecimento, tendo Home sido preso em 18 de junho de 1867, mas libertado quando depositou o que restava da importância que recebera. O caso foi nebuloso e repleto de nuances. Recusando-se, como sempre o fez, a ser um médium pago, Home foi correspondente de guerra, quando os Estados da França e da Prússia entraram em guerra e depois foi para a Rússia, onde foi bem acolhido.

Neste país, novamente, em uma recepção, certa noite, viu uma jovem linda, alta, ares de realeza, chamada Julie de Gloumeline. Era a cunhada de um ilustre professor de química em São Petersburgo, Alexander von Boutlerow.

Quando Home deixou a Rússia estavam noivos, combinando o casamento para ser realizado em Paris, no outono. Da Rússia ele iria diretamente para Londres, onde começou seu famoso trabalho com Sir William Crookes, um dos mais notáveis cientistas da sua época.[50]

## 13.   Ciência versus Fraude e Superstição

Neste penúltimo capítulo de sua obra I.G.Edmonds relata os contatos de Home com Sir William Crookes, químico e físico de grande projeção.

Crookes conhecera Home em 1869 e começou suas famosas experiências com o médium escocês em 1871, tendo assistido, nos anos anteriores,  a várias sessões do médium.

O famoso pesquisador psíquico teria oportunidade, em 1872, de realizar experiências que reuniu Katie Fox e Daniel Dunglas Home, vinte e quatro anos depois dos famosos acontecimentos de Hydesville.

Edmonds informa que:

Depois da conclusão dos testes com Crookes, Home retirou-se definitivamente dos trabalhos mediúnicos. Em 1872 publicou a segunda série das suas memórias e então escreveu uma exposição sob o título 'Luz e Sombra do Espiritismo'.

---

[50] I.G. EDMONDS, *O homem que falava com os espíritos,* p.97 a 105.

[sic][51] Naquele livro revelador ele conta como falsos espíritos iludem e enganam pessoas crédulas.

A saúde de Home foi se agravando, e, no dia 21 de junho de 1886, ele veio a morrer de tuberculose, em Auteuil, França. Tinha, então, cinqüenta e três anos de idade. Ao seu pedido, foi sepultado ao lado da filha que tivera com sua segunda mulher, e que morrera pequenina.

A viúva do médium, Julie Home, voltou para a Rússia, levando consigo o filho que Home tivera de seu primeiro casamento. Contudo, a Sra. Home trabalhou muitíssimo para conservar viva a lembrança de seu marido. Escreveu dois livros, **Vida e Missão de D.D.Home e O Dom de D.D.Home**.[52]


## 14.    Home foi um Impostor?


I.G. Edmonds, dedica quatorze páginas do seu livro **D.D. HOME: O Homem que Falava com os Espíritos** tecendo comentários sobre as dúvidas em torno da questão da fraude na mediunidade, tendo em vista que:


> Um por um, os maiores médiuns de seu tempo foram denunciados como impostores, trapaceiros e velhacos, tendo as irmãs Fox sido denunciadas várias vezes, ocorrendo confissões de fraudes e retratações dessas confissões, inclusive por parte de Margareth Fox.


Home, contudo, enfatiza Edmonds, *nunca foi denunciado* e que as afirmações de Robert Browning, de que

---

[51] A tradução correta seria *Luzes e Sombras do Espiritualismo.* (N.O.)
[52] I. G. EDMONDS, *O homem que falava com os espíritos*, p. 106 a 114.

tinha apanhado Home fraudando, não são verdadeiras.

E declara, finalizando o seu valioso livro acerca da vida do famoso médium escocês:

> Se Daniel Dunglas Home foi um verdadeiro médium, foi o maior que jamais viveu. Se foi um impostor, também foi o maior deles todos, porque só ele fugiu a todas as armadilhas que lhe puseram. Isso é mais do que mesmo o famoso místico charlatão, Cagliostro,[53] poderia fazer.[54]

---

[53] Giuseppe Balsamo, dito Alexandre, Conde de Cagliostro. Médico adepto do Ocultismo (1743-1795). (N.O.)

[54] I.G. EDMONDS, *O homem que falava com os espíritos,* p.115 a 128.

# Capítulo III

## Sir Arthur Conan Doyle (1859-1930) Comentários no livro História do Espiritismo

## A Carreira de D. D. Home

Daniel Dunglas Home nasceu em 1833 em Currie, uma aldeia perto de Edimburgo. Havia um mistério relativamente à sua ascendência: tanto se afirmava, quanto se negava que fosse, de certo modo, da família do Conde de Home. Na verdade foi um homem que herdou um tipo elegante, maneiras delicadas, disposição sensível e um gosto para o luxo, fosse de que fonte fosse. Mas pela sua força psíquica e pelo entusiasmo que esta comunicou ao seu caráter complexo, ele podia ser realmente tomado como o tipo exato de um caçula aristocrata, que herda as tendências, mas não a riqueza dos pais.

Home saiu da Escócia para a Nova Inglaterra aos nove anos de idade, com uma tia que o havia adotado, outro mistério que lhe cercava a existência. Aos treze anos de idade começou a mostrar as faculdades psíquicas herdadas de sua mãe, descendente de velha família de Highland e que possuía a faculdade de previsão características de sua raça. Sua tendência mística revelou-se numa conversa com um colega, chamado Edwin, acerca de uma história, na qual fora feito um pacto em conseqüência do qual a criatura amada mostrar-se-ia à outra depois da morte. Do mesmo modo os dois rapazes fizeram o pacto de se mostrar um ao outro. Home mudou-se para outro distrito, a algumas milhas de distância e, um mês mais tarde, certa noite, assim que foi para a cama, teve a visão de Edwin e anunciou à sua tia a morte do rapaz, do que tiveram informações um ou dois dias depois. Uma segunda visão, em 1850, referia-se à morte de sua mãe, que tinha ido com o marido viver na América. Nessa ocasião o rapaz se achava acamado e sua mãe se achava fora, em visita a amigos distantes. Uma noite ele gritou por socorro e quando a tia chegou encontrou-o muito abatido. Disse que a mãe havia morrido naquele dia às doze horas; que ela lhe havia aparecido e dado o aviso. Em breve batidas fortes começaram a perturbar aquele lar quieto e os móveis a serem arrastados por forças invisíveis. Sua tia, criatura de estreita visão religiosa, disse que o rapaz havia trazido o Diabo para casa e jogou-o na rua.

Ele refugiou-se com os amigos e nos anos seguintes passava na casa de um para a de outro, de cidade em cidade. Sua mediunidade se havia desenvolvido poderosamente e na casa de um para de outro, em que se hospedava realizava freqüentes sessões, às vezes seis ou sete por dia, pois as limitações da força e as reações entre o físico e o psíquico eram então mal compreendidas. Isto lhe produzia grande perda de forças, e freqüentemente o levava para a cama. Multidões acorriam de todos os lados para presenciar as maravilhas que se produziam na presença de Home. Entre os que então investigaram com ele estava o poeta americano Bryant, que era acompanhado pelo Professor Wells, da Universidade de Harvard. Em New York encontrou muitos americanos distintos, dos quais três fizeram sessões com ele: o professor Hare, o professor Mapes e Juiz Edmonds, da Suprema Corte de New York. Estes três, como ficou dito, tornaram-se espiritistas convictos.

Nesses primeiros anos o encanto da personalidade de Home e a profunda impressão criada por sua força permitiram que recebesse muitas ofertas. O Professor George Bush convidou-o para sua companhia, a fim de estudar para ministro swedenborgiano; Mr. e Mrs. Elmer, um rico casal sem filhos, que lhe haviam tomado grande afeição, ofereceram-se para adotá-lo e fazê-lo seu herdeiro, com a condição de trocar o nome pelo de Elmer.

Seu notável poder curador tinha excitado a admiração e, persuadido pelos amigos, começou a estudar medicina. Mas a saúde delicada, complicada com uma afecção pulmonar, forçou-o a abandonar os seus planos e, a conselho médico, deixou New York e foi para a Inglaterra.

Chegou a Liverpool a 09 de abril de 1855, e foi descrito como um jovem alto, esguio, de marcada elegância e exagerada limpeza do vestir, mas com um olhar típico e uma expressão que traía a devastação feita pela moléstia. Tinha os olhos azuis e os cabelos castanhos; era desse tipo facilmente sujeito à tuberculose e a extrema emaciação mostrava quanto era insignificante a sua capacidade de resistência. Um médico, bom observador, certamente lhe faria um prognóstico de apenas uns meses de vida, num clima úmido como o nosso e de todas as maravilhas que Home realizava, o prolongamento da sua vida certamente não foi das menores. Seu caráter já havia tomado aqueles traços emocionais e religiosos que o distinguiam e ele recordou como, antes de desembarcar, correu para o seu camarote e ajoelhou-se em prece. Quando a gente considera a admirável carreira que se abre à sua frente e o grande papel que ele desempenhou no estabelecimento das bases materiais que diferenciam esse movimento religioso de qualquer outro, pode proclamar-se que esse visitante estava entre os mais notáveis missionários que jamais apareceram por estas plagas.

No momento a sua posição era muito singular. Tinha uma relação difícil com o mundo. Seu pulmão esquerdo estava parcialmente destruído. Seus recursos eram modestos, embora suficientes. Não tinha negócios nem profissão e sua educação havia sido interrompida pela doença. De caráter desconfiado, gentil, sentimental, artístico, afetuoso e profundamente religioso, tinha uma profunda tendência para a Arte e para o Drama. Assim, a sua capacidade para a escultura era considerável e como declamador provou mais tarde que pouca gente o igualava. Mas acima de tudo isto, de uma honestidade inflexível e tão rigorosa que por vezes chegava a ofender aos seus aliados, havia um dom tão admirável que apagava todos os demais. Este repousa naquelas forças, muito independentes de sua vontade, que iam e vinham com desconcertante subtaneidade, mas demonstrando a todos que examinassem a prova, que havia algo na atmosfera desse homem que permitia que as forças a ele exteriores, como exteriores à nossa percepção, se manifestassem neste plano da matéria. Por outras palavras, ele era um médium – o maior que o mundo moderno já viu, no campo das manifestações físicas.

Um homem inferior teria usado os seus poderes extraordinários para fundar uma seita especial, da qual teria sido o sumo sacerdote inconteste, ou para se rodear de uma auréola de poder e de mistério. Certamente muita gente na sua posição teria sido tentada a usar aqueles dons para fazer dinheiro. Em relação a este ponto seja dito,primeiramente, que no curso de seus trinta anos de estranho ministério, jamais ele tocou num tostão como paga de seus dons. É absolutamente certo que lhe foram oferecidas duas mil libras pelo Clube União, em Paris, no ano de 1857, por uma única sessão, e que ele, pobre e inválido, as recusou terminantemente. Fui mandado em missão, disse ele. Essa missão é demonstrar a imortalidade. Nunca recebi dinheiro por isso e jamais o receberei. Houve certos presentes da Realeza que não podiam ser recusados sem grosseria: anéis, alfinetes de gravatas e outros, que mais eram sinais de amizade do que recompensa; porque, antes de sua morte prematura, poucos eram os monarcas da Europa com os quais esse moço desconfiado de um subúrbio de Liverpool não estivesse em afetuosa intimidade. Napoleão III cuidou de sua única irmã; o Imperador da Rússia foi testemunha de seu casamento. Qual o novelista que seria capaz de inventar tal carreira?

Há, porém, tentações mais sutis do que as da riqueza. A inquestionável honestidade de Home foi a melhor salvaguarda contra aquelas. Jamais ele perdeu, por um só instante, a sua humildade e o seu senso de proporção. Tenho esses poderes, teria ele dito.

Serei feliz até o limite de minhas forças, em vo-los demonstrar, se vos aproximardes de mim, do mesmo modo que um cavalheiro se aproximaria de outro. Alegrar-me-ei se lançardes um pouco mais de luz sobre elas. Prestar-me-ei a qualquer experiência razoável. Eu não exerço controle sobre elas. Elas me usam, mas eu não as uso. Elas me abandonam durante meses e voltam com redobrada energia. Eu sou um instrumento passivo – nada mais.

Tal era a sua atitude invariável. Ele era sempre o homem mundano fácil e amigo, que nem tinha o manto do profeta nem o turbante do mágico. Como os homens realmente grandes, não havia em sua natureza o mínimo de pose. Um

_Daniel Dunglas Home: O Médium Voador_

indício de sua elegância é que, sempre que devia confirmar os seus resultados, jamais citava nomes, a menos que estivesse absolutamente certo de que as pessoas citadas de modo algum se incomodariam em ser referidas a um culto impopular. Por vezes, ainda quando estas lhe houvessem autorizado a citá-las, evitava fazê-lo, com receio de ofender a um amigo. Quando publicou as primeiras séries dos **Incidentes em minha Vida**, o Saturday Review cobriu de sarcasmos o anônimo testemunho da Condessa O..., do Conde B..., do Conde K..., da Princesa de B..., e de Mrs. E..., que eram apontados como tendo assistido às manifestações. Em seu segundo volume, tendo-se assegurado do apoio de seus amigos, Home preencheu os claros com os nomes de Condessa Orsini, do Conde de Beaumont, do Conde de Komar, da Princesa de Beauveau e a conhecida dama americana Mrs. Henry Senior. Jamais citou os seus amigos reais, embora fosse muito sabido que o Imperador Napoleão e Imperatriz Eugênia, o Tzar Alexandre, o Imperador Guilherme I da Alemanha e os Reis da Baviera e do Wurtemberg também haviam sido convencidos por suas forças extraordinárias. Nem uma só vez Home foi condenado por qualquer mistificação, quer por palavras, quer por atos.

Por ocasião de sua primeira viagem à Inglaterra, hospedou-se no Cox's Hotel, em Jermyn Street, e é provável que tenha escolhido essa hospedaria por ter sabido, através de Mrs. Hayden, que o seu proprietário era simpático à causa. Como quer que seja, Mr. Cox logo descobriu que o seu jovem hóspede era o mais notável médium e, a seu convite, os mais notáveis intelectuais do momento foram convidados a examinar os fenômenos que Home lhes poderia exibir. Entre outros, Lord Brougham veio à sessão e trouxe um cientista seu amigo, Sir David Brewster. Em plena luz do dia investigaram os fenômenos e na sua satisfação pelo que se havia passado, ao que se conta, teria dito Brewster: Isto derrota a filosofia de cinqüenta anos. Se ele tivesse dito "mil e quinhentos" ter-se-ia aproximado da marca. Ele descreve o que aconteceu numa carta à sua irmã, só muito mais tarde publicada. [55]

Estavam presentes Lord Brougham, Sir David Brewster, Mr. Cox e o médium.

Nós quatro, disse Brewster, sentamo-nos a uma mesa de tamanho regular, e cuja estrutura nos tinham convidado a examinar. Em pouco tempo a mesa fez esforços e um tremor percorreu os nossos braços; esses movimentos cessavam e recomeçavam ao nosso comando. As mais incontáveis batidas se produziram em várias partes da mesa e esta se ergueu do chão quando não havia mãos sobre ela. Outra mesa maior foi utilizada e produziu os mesmos movimentos.

Uma pequena sineta foi posta no chão, sobre o tapete, de boca para baixo; depois de algum tempo ela soou sem que ninguém a tivesse tocado.

Acrescenta ele que a sineta veio para ele e se colocou em suas mãos; depois fez o mesmo com Lord Brougham. E concluiu: Estas foram as principais experiências. Não poderíamos explicá-las nem imaginar por que espécie de mecanismo poderiam ter sido produzidas.

Declara o Conde de Dunraven que foi levado a investigar os fenômenos pelo que Brewster lhe havia contado. Descreve o encontro com este último, que dizia serem as manifestações inexplicáveis pela fraude, ou por quaisquer leis de física de nosso conhecimento. Home remeteu uma descrição dessa sessão a um amigo na América, onde a mesma foi publicada e

---

[55] "Home Life of Sir David Brewster", por Mrs. Gordon, sua filha. (Nota do autor)

comentada. Quando os comentários foram reproduzidos na imprensa inglesa, Brewster ficou muito alarmado. Uma coisa é sustentar certas idéias na intimidade e a outra enfrentar a inevitável perda de prestígio, que ocorreria nos meios científicos em que se achava. Sir David não era daquele estofo de que são feitos os mártires e os pioneiros. Escreveu ao Morning Advertiser, declarando que, embora tivesse visto vários efeitos mecânicos que não poderia explicar, ainda era de opinião que os mesmos poderiam ser produzidos por pés e mãos humanos. Aliás, jamais lhe ocorrera que a carta escrita à sua irmã, a que acima nos referimos, um dia fosse publicada.

Quando toda a correspondência foi publicada, o Spectator observou, em relação a Sir David Brewster: Parece estabelecido pela mais clara prova que ele sentiu e descreveu, logo depois de suas sessões com Mr. Home, uma maravilha e quase terror, que depois desejou explicar. O herói da ciência não se absolve como a gente desejaria, ou como era de esperar.

Abordamos ligeiramente o incidente com Brewster porque é típico da atitude científica de então e porque o seu efeito era despertar maior interesse em Home e seus fenômenos, e acordar novos investigadores. Pode alguém lembrar que os homens de ciência se dividem em três classes: os que absolutamente não examinaram o assunto – o que não os impede de pronunciar opiniões muito violentas; os que sabem que a coisa é verdadeira, mas temem confessá-lo; e, finalmente, a brilhante minoria dos Lodges, dos Crookes, dos Barretts e dos Lombrosos, que sabem que é verdade e não temem proclamá-lo.

De Jermyn Street, Home foi morar com a família Rymer, em Ealing, onde foram realizadas muitas sessões. Aí foi visitado por Lord Lytton, o famoso novelista que, muito embora tivesse recebido notáveis provas, jamais confessou publicamente a sua crença nos poderes do médium, a despeito de suas cartas particulares e das novelas publicadas constituírem provas evidentes de seu modo de sentir. Assim acontecia com muitos homens e senhoras bem conhecidos. Entre os seus primeiros assistentes estavam o Socialista Robert Owen, o escritor T. A. Trollope e o alienista Dr. J. Garth Wilkinson.

Nestes dias, quando os fenômenos psíquicos são familiares a todos, exceto ao que propositadamente os ignoram, dificilmente podemos imaginar a coragem moral necessária a Home para desenvolver as suas forças e as exibir em público. Para o britânico de educação média na material época Vitoriana, um homem que se dissesse capaz de produzir fenômenos que contrariassem a lei da gravidade de Newton e que mostrasse uma inteligência invisível atuando sobre a matéria visível era, de saída, julgado um tratante e um impostor. O ponto de vista sobre o Espiritismo, externado pelo vice-chanceler Giffard, na conclusão do processo Home-Lyon, era o da classe a que ele pertencia. Nada conhecia sobre o assunto, mas tomou como certo que tudo nesse particular era falso. É verdade que semelhantes coisas eram descritas em terras distantes e em livros antigos, mas que elas pudessem ocorrer na velha e sólida Inglaterra prosaica, na Inglaterra de dividendos bancários e de livre câmbio, era demasiadamente absurdo para uma mentalidade séria. Foi lembrado que nesse processo Lord Giffard virou-se para o advogado de Home e perguntou: Parece-me que o senhor sustenta que o seu cliente foi levitado no ar? O advogado o confirmou e, então, o juiz voltou-se para o júri e fez um tal movimento, como o teria feito um sumo sacerdote, rasgando suas vestes talares em sinal de protesto contra a blasfêmia. Em 1868 havia poucas pessoas do júri suficientemente educadas para verificar as observações do juiz, e é exatamente neste particular que fizemos algum progresso nestes cinqüenta anos. Trabalho lento – mas o Cristianismo levou mais de três séculos para se firmar.

Tome-se este caso de levitação de Home como um teste de seu poder.

Sustenta-se que por mais de cem vezes, perante testemunhas respeitáveis, ele flutuou no ar. Considere-se a prova. Em 1857, num castelo perto de Bordéos, ele foi erguido até o teto de um salão alto, em presença de Madame Ducos, viúva do Ministro da Marinha e do Conde e da Condessa de Beaumont. Em 1860 Robert Bell escreveu um artigo, no Cornhill, sob o título de Mais estranho do que uma ficção, no qual diz que foi erguido de sua cadeira quatro a cinco pés do solo... Vimos o seu corpo passar de um para o outro lado da janela, com os pés para a frente, posto horizontalmente no ar. O Dr. Gully, de Malvern, médico muito conhecido, e Robert Chambers, autor e editor, eram outras testemunhas. Pode admitir-se que esses homens mentissem por deliberado acordo ou que não soubessem dizer se um homem flutuava no ar ou apenas pretendia fazê-lo? No mesmo ano Home foi levantado em casa de Mrs. Milner Gibson, em presença de Lord e Lady Clarence Paget, tendo o Lord passado as mãos por baixo de Home, a fim de se certificar do fato. Poucos meses mais tarde, Mr. Wason, advogado de Liverpool, com sete outros, assistiram ao mesmo fenômeno. Diz ele: Mr. Home atravessou a mesa, passando por cima das cabeças das pessoas sentadas em sua volta. E acrescenta: Alcancei a sua mão a sete pés do solo e dei cinco ou seis passos enquanto ele flutuava no espaço, acima de mim. Em 1861 Mrs. Parkes, de Cornwald Terrance, Regent's Park, conta como se achava presente, com Bulwer Lytton e Mr. Hall, quando Home, em sua própria sala de visitas, foi levantado até que a mão chegou ao alto da porta e então flutuou horizontalmente. Em 1866 Mr. e Mrs. Hal, Lady Dunsany e Mrs. Senior, em casa de Mr. Hall, viram Home com rosto transfigurado e brilhante, erguer-se duas vezes até o teto e deixar uma cruz, feita com lápis, na segunda levitação, de modo a assegurar às testemunhas que não eram vítimas de sua própria imaginação. Em 1868 Lord Adare, Lord Lindsay, o Capitão Wynne e Mr. Smith Barry viram Home levitando várias vezes. Uma descrição minuciosa foi deixada pela primeira daquelas testemunhas da ocorrência de 16 de dezembro daquele ano [56], quando em Ashley House, em estado de transe, Home flutuou do quarto para a sala de estar, passando pela janela, a setenta pés acima da rua. Depois de chegar à sala, voltou para o quarto com Lord Adare e, depois que este observou que não compreendia como Home poderia ter passado pela janela, apenas parcialmente levantada, ele me disse que se afastasse um pouco. Então passou pelo espaço aberto, primeiro a cabeça, muito rapidamente, estando o seu corpo aparentemente rígido e quase na horizontal. Voltou novamente, com os pés para a frente. Tal a informação dada por Lord Adare e Lord Lindsay. Diante de sua publicação, o Dr. Carpenter, que gozava de uma reputação nada invejável por uma perversa oposição a tudo quanto se relacionava com este assunto, escreveu exultante indicando que havia uma terceira testemunha que não tinha sido ouvida, admitindo sem o menor fundamento que o depoimento do Capitão Wynne seria em sentido contrário. Por fim disse que um simples céptico honesto declara que Mr. Home esteve sentado

---

[56] O almanaque mostra que era domingo, dia 13. (Nota do autor)

todo o tempo em sua cadeira – afirmação que apenas pode ser tomada como falsa. Então o Capitão Wynne escreveu corroborando os outros depoimentos e acrescentando: Se o senhor não acredita na prova corroborante de três testemunhas insuspeitas, então será o fim de toda a justiça e das cortes da lei.

Para ver quanto a crítica procurou uma saída para escapar ao inevitável, basta dizer que ela se agarrou ao que Lord Lindsay escreveu algum tempo depois, dizendo que a coisa tinha sido vista à luz da Lua. Entretanto, o calendário mostra que naquele dia a Lua era invisível. Observa Mr. Andrew Lang: Entretanto, mesmo com cerração, a gente numa sala pode ver um homem entrar por uma janela e sair novamente, com a cabeça para frente, com o corpo rígido. [57] A todos nós parece que se víssemos uma coisa tão maravilhosa, não nos preocuparíamos em determinar se a víamos à luz da Lua ou de lâmpadas da rua. Contudo deve admitir-se que a descrição de Lord Lindsay é redigida grosseiramente – tão grosseiramente que a gente quase desculpa Mr. Joseph Mc Cabe, quando diz numa conferência que os observadores não olhavam a coisa diretamente e a sua sombra no peitoril da janela, mas que se achavam de costas para a janela e apenas viam a sombra da coisa na parede. Entretanto, quando a gente considera a segurança das três testemunhas de vista que depuseram sobre o caso, tem o direito de perguntar se, quer no passado, quer no presente, qualquer fato extraordinário já foi mais claramente provado.

Tantos são os outros casos de levitação de Home que facilmente seria escrito um longo artigo sobre este particular aspecto de sua mediunidade. O Professor Crookes foi outras tantas vezes testemunha do fenômeno e se refere a cinqüenta

---

[57] *Historical Myteries*, p. 236. (Nota do autor)

exemplos que haviam chegado ao seu conhecimento. Haverá porém alguém de cérebro equilibrado que, tendo lido o incidente aqui referido, não diga, com o Professor Challis: Ou os fatos devem ser admitidos tais quais são relatados, ou devemos dizer adeus à possibilidade de nos certificarmos de fatos através do testemunho humano.

"Voltamos, então, à era dos milagres?", perguntará o leitor. Não há milagres.

Nada neste plano é sobrenatural. Aquilo que vemos agora e o que lemos de tempos passados é apenas a operação da lei que ainda não foi bem estudada e definida. Já imaginamos algo de suas possibilidades e de suas limitações, que são tão exatas na sua maneira quanto as de qualquer força puramente física. Devemos fazer um balanço entre os que em nada acreditam e os que acreditam demais. Gradativamente a bruma vai se clarificando e poderemos definir os contornos da costa sombria. Quando pela primeira vez uma agulha foi movida pelo magneto, não houve infração às leis da gravidade. É que houve a intervenção local de outra força mais poderosa. Esse é também o caso quando as forças psíquicas atuam no plano da matéria. Se a fé que Home tinha em sua força tivesse faltado, ou se o seu círculo tivesse sido perturbado indevidamente, ele teria falhado. Quando Pedro perdeu a fé afundou-se nas ondas. Através dos séculos a mesma causa ainda produziu o mesmo efeito. A força espiritual ainda está conosco se não lhe voltamos a face e nada foi concedido à Judéia que fosse negado à Inglaterra.

A esse respeito é como uma confirmação do poder do invisível e como uma resposta final ao materialismo, tal qual o entendemos, que a carreira pública de Home é de suprema importância. Ele foi uma testemunha a afirmar a verdade daqueles chamados "milagres" que foram o pesadelo para tantas mentes espertas e agora se destinam a ser a prova sólida e forte da exatidão das narrativas primitivas. Milhões de almas em dúvida, na agonia dos conflitos espirituais reclamavam provas definitivas de que nem tudo era vazio em redor de nós, de que havia forças fora do nosso alcance, de que o ego não era uma mera secreção do tecido nervoso e de que os mortos realmente levavam sua indestrutível existência pessoal. Tudo isso foi provado pelo maior desses grandes missionários modernos, a qualquer um capaz de observar ou de racionar. É possível achar graça em mesas dançantes e em muros que tremem, mas estes foram os mais próximos e os mais naturais objetos que podiam, em termos materiais, registrar aquela força que estava acima do alcance humano. Um cérebro que fosse imobilizado por uma sentença inspirada seria levado à humildade e a novos caminhos de pesquisa em presença até do mais caseiro desses inexplicáveis fenômenos. É fácil chamá-los de pueris, mas realizaram o objetivo para que foram destinados, sacudindo em seus fundamentos a complacência daqueles materialistas homens de ciência que eram postos em contato com eles. Eles não devem ser achados como um fim em si, mas como um meio elementar pelo qual a mente deveria ser conduzida a novos canais do pensamento. E esses canais do pensamento levaram ao reconhecimento da sobrevivência do Espírito. Trouxestes, incalculável alegria e conforto ao coração de muita gente, disse o Bispo Clark, de Rhode Island. Iluminastes lugares habitados que antes eram trevas. Mademoiselle, disse Home à moça que ia ser sua esposa, há uma missão a mim confiada. Ela é grande e santa. O famoso Dr. Elliotson, imortalizado por Thackeray sob o nome de Dr. Goodenough, era um dos chefes do materialismo britânico. Encontrou Home, viu os seus poderes e teve a coragem de dizer imediatamente que tinha vivido toda a sua vida em trevas e pensava que nada havia na vida que não fosse material; mas que agora tinha a firme esperança que, assim pensava, haveria de alimentar enquanto vivesse.

Poderiam citar-se inúmeros exemplos do valor espiritual do trabalho de Home; mas ele jamais foi melhor sintetizado do que um período escrito por Mrs. Webster, de Florença, que viu muito da sua atuação. Ele é o mais maravilhoso missionário dos tempos modernos e da maior de todas as causas, e o bem que ele tem feito não pode ser avaliado. Quando Mr. Home passa, derrama em seu redor a maior de todas as bênçãos – a certeza da vida futura.

Agora que é possível conhecer detalhes de sua vida, pode dizer-se que é para o mundo inteiro que se dirige a mais vital de todas as mensagens. Sua atitude, em relação à sua própria missão, foi expressa numa conferência feita em Londres, na Sala Willis, a 15 de fevereiro de 1866. Disse ele:

'Sinceramente penso que essa força aumentará cada vez mais para nos aproximar de Deus. Perguntareis se ela nos torna mais puros. Minha única resposta é que somos mortais apenas e, como tal, sujeitos ao erro. Mas ela ensina que aqueles de coração puro verão a Deus. Ela nos ensina que Deus é amor e que não há morte. Aos velhos ela vem como uma consolação, quando se aproximam as tempestades da vida e quando vem o descanso. Aos moços ela fala do dever que temos uns para com os outros e diz que colheremos o que houvermos semeado. A todos ensina resignação. Vem desfazer as nuvens do erro e trazer a manhã radiosa de um dia interminável'.

É curioso notar como sua mensagem afetou os de sua geração. Lendo o relato de sua vida, escrita por sua esposa – um documento muito convincente, de vez que foi ela, de todas as criaturas, a que mais deveria ter conhecido o homem real – ressalta que o mais cordial apoio e o maior apreço lhe veio dos aristocratas da França e da Rússia, com os quais tinha tomado contato. O caloroso brilho de admiração pessoal e até a reverência em suas cartas é tal, que dificilmente pode ser igualada em qualquer outra biografia. Na Inglaterra tinha ele um círculo íntimo de ardentes defensores, alguns das altas camadas sociais, como os Halts, os Howitts, Robert Chambers, Mrs. Milner Gibson, o Professor Crookes e outros. Mas havia uma lamentável falta de coragem entre estes, que admitiam os fatos na intimidade e se mantinham alheios em público. Lord Brougham e Bulwer Lytton eram do tipo de Nicodemos, principalmente o novelista. De um modo geral a "inteligência" saiu-se muito mal nesse assunto e muitos nomes festejados sofreram com a história. Tyndall e Faraday foram fantasticamente anticientíficos nos seus métodos de prejulgar a questão, logo de saída, e posteriormente se ofereceram para a examinar, sob a condição de que fosse aceita a sua opinião. Sir David Brewster, como ficou dito, disse algo de honesto, e depois, em pânico, negou que o houvesse dito, esquecendo-se de que a prova já estava feita. Browning escreveu um longo poema – se é que aquilo se pode chamar poesia – descrevendo uma manifestação que jamais ocorreu. Carpenter conquistou uma notoriedade pouco invejável como opositor sem escrúpulos, ao proclamar uma singularíssima tese espírita de sua invenção. Os secretários da Sociedade Real recusaram o convite para assistirem às demonstrações de Crookes sobre os fenômenos físicos, enquanto se manifestavam terminantemente contra os mesmos. Lorde Giffard despejou da Tribuna contra um súdito os primeiros elementos daquilo que ignorava.

Quanto ao clero nenhuma ordem deve ter sido dada, durante

os trinta anos em que a mais maravilhosa dispensação espiritual desde muitos séculos foi dada ao público. Não é possível recordar o nome de um único clérigo britânico que tivesse mostrado um interesse inteligente. E em 1872, quando começou a aparecer em The Times uma descrição minuciosa das sessões de São Petersburgo, a coisa foi cortada logo, segundo Mr. H. T. Humphreys, devido às fortes queixas feitas a Mr. Delane, seu diretor, por algumas figuras da alta direção da Igreja da Inglaterra. Tal foi a contribuição dos nossos dirigentes espirituais. O Dr. Elliotson, o nacionalista, era muito mais vivo do que eles. Eis o amargo comentário da senhora Home: 'O veredito de sua própria geração foi o do cego e do surdo contra quem vê e ouve'.

A caridade era uma das mais belas características de Home. Como toda verdadeira caridade, era secreta e só se tornava conhecida indiretamente, e por acaso. Um de seus numerosos caluniadores declarou que lhe havia endossado uma letra de cinqüenta libras em favor de seu amigo Mr. Rymer. Em legítima defesa apurou-se que não era uma letra, mas um cheque, enviado muito generosamente por Mr. Home para tirar aquele amigo de um apuro. Considerando a sua constante pobreza, cinqüenta libras talvez representassem uma boa parte de suas reservas bancárias. Sua viúva se detém com perdoável orgulho sobre muitas provas encontradas em suas cartas, após a sua morte.

Agora é um artista desconhecido, para cujo pincel o generoso esforço de Home havia encontrado emprego; depois, é um trabalhador infeliz que escreve sobre a sua esposa doente, cuja vida foi salva pelo conforto proporcionado por Mr. Home; ou uma mãe que agradece o seu apoio para a iniciação de seu filho na vida. Quanto tempo e quanta atenção devotou ele aos outros quando as circunstâncias de sua vida levariam muitos homens a pensar apenas em si próprios e em suas necessidades.

Mande-me uma palavra do coração que tantas vezes soube consolar um amigo! Exclamava um de seus protegidos.

Poderei um dia mostrar-me digno de todo o bem que você me fez? Pergunta outro em uma carta.

Encontramo-lo vagando pelos campos de batalha, perto de Paris, às vezes debaixo de fogo, com os bolsos cheios de cigarros para os feridos. Um oficial alemão escreve afetuosamente para lhe lembrar como o salvou de morrer de hemorragia, carregando-o em seus fracos ombros para fora da zona de fogo. Certamente Mrs. Browning era um melhor juiz do caráter do que seu esposo e Sr. Galahad [58] um nome melhor do que Lama.

Ao mesmo tempo seria absurdo pintar Home como um caráter sem jaça. Tinha ele a fraqueza de seu temperamento e algo de feminino em sua disposição que se mostrava de muitas maneiras. Estando na Austrália, o autor teve oportunidade de ler uma correspondência datada de 1856, entre Home e o filho mais velho dos Rymer. Tinham viajado juntos pela Itália e Home tinha abandonado o amigo em circunstâncias que demonstravam inconstância e ingratidão. Mas é justo dizer que sua saúde era, então, tão precária que dificilmente poderíamos considerá-lo normal. Tinha ele os defeitos de um caráter emotivo, disse Lord Dunraven,

(...) com a vaidade altamente desenvolvida, talvez subitamente lhe permitido subtrair-se ao ridículo que então

---

[58] Ou *Galaad*. Herói do *Santo Graal*. Filho de Lancelote. Cavaleiro sem mácula. (N.O.)

era despejado sobre o Espiritismo e tudo quanto a este se ligava. Era sujeito a grandes depressões e crises nervosas dificilmente compreensíveis, mas era, também, simples, bondoso, de bom humor, de disposição amorável, que me atraía... Minha amizade ficou inalterável e sem diminuição até o fim.

Há poucos daqueles variados dons, que chamamos "mediúnicos" e que São Paulo chama "do Espírito", que Home não possuísse. Na verdade, a característica de sua força psíquica era uma invulgar versatilidade. Geralmente falamos de um médium de Voz Direta, de um que fala em transe, de um clarividente ou de um de efeitos físicos, quando Home era os quatro. Tanto quanto podemos verificar, tinha ele pouca experiência quanto à força de outros médiuns e não estava isento daquele ciúme psíquico, que é um traço comum desses sensitivos. Mrs. Jencken, antes Miss Kate Fox, foi o único médium a quem teve amizade. Sentia amargamente qualquer mistificação, e denotou sempre esse excelente fraco do caráter, qual o de guardar suspeitas de todas as formas de manifestações que não correspondessem exatamente às suas. Essa opinião, expressa de modo não comprometedor em seu último livro **Lights and Shadows of Spiritualism**[59] naturalmente magoaram outros médiuns, que pretendiam ser tão honestos quanto ele. Um mais largo e profundo contato com os fenômenos o teriam tornado mais caridoso. Assim, ele protestou fortemente contra toda sessão feita no escuro, o que é um conselho de perfeição, de vez que as experiências sobre o ectoplasma, que é a base física de todas as materializações, mostram, em geral, que aquele é afetado pela luz, exceto pela vermelha. Home não tinha grande experiência das materializações completas,

---

[59] *Luzes e sombras do espiritismo.* – (Nota do tradutor no original.)

tais como foram obtidas naqueles dias por Miss Florence Cook ou por Madame d'Esperance, ou em nossos dias pela mediunidade de Madame Bisson. Assim, podia ele dispensar a obscuridade completa em seu trabalho. Por isso sua opinião foi injusta para com os outros. Por outro lado, Home declarou enfaticamente que a matéria não podia passar através da matéria, porque os seus fenômenos não tomavam esse aspecto. Ainda a prova de que, em certos casos, a matéria podia passar através da matéria era enganadora. Até pássaros de variedades raras foram trazidos para as salas de sessões, em circunstâncias que excluem qualquer fraude e as experiências de madeira que atravessa a madeira, como as que foram apresentadas a Zöllner e a outros professores em Leipzig, foram tão concludentes que se acham relatadas pelo famoso físico na Física Transcendental, de suas experiências com Slade. Desse modo, deve levar-se como uma pequena fraqueza do caráter de Home o fato de gritar e duvidar das forças que porventura ele não possuísse.

Podem alguns acusá-lo de dirigir sua mensagem antes aos dirigentes da sociedade do que às massas trabalhadoras. É provável que, de fato, Home tivesse a fraqueza, assim como as graças de sua natureza artística, que o faziam sentir-se mais feliz em uma atmosfera de elegância e de finura e uma repulsa visceral por tudo quanto fosse sórdido e desfavorecido. Se outras razões não existissem, o precário estado de saúde o tornava inapto para qualquer tarefa pesada; as contínuas hemorragias o levaram a preferir a agradável e refinada vida na Itália, na Suíça e na Riviera. Mas, em relação ao desenvolvimento de sua missão, de lado o auto-sacrifício pessoal, não há a menor dúvida de que a sua mensagem, levada ao laboratório de um Crookes ou à Corte de um Napoleão foi mais útil do que se tivesse sido levada à multidão. A aprovação da ciência e do caráter era necessária antes que o público ficasse seguro de que essas coisas eram verdadeiras. Se isso não foi inteiramente conseguido a falta cabe certamente aos encapuçados homens de ciência e aos pensadores da época e de modo algum Home, que representou o seu papel de demonstrador com perfeição, deixando a outros homens menos dotados a análise e a publicidade do que lhes havia mostrado. Não era ele um homem de ciência, mas a matéria-prima da ciência, desejando ansioso que os outros dele pudessem aprender tudo quanto pudesse trazer ao mundo, de modo que a própria ciência pudesse dar o testemunho da religião, enquanto se apoiasse sobre a ciência. Quando a mensagem de Home tiver sido aprendida completamente, um homem sem fé não será acusado de impiedade, mas de ignorância.

Havia algo de patético no esforço de Home para descobrir alguma crença na qual pudesse satisfazer o seu próprio instinto gregário – porque ele não era tido como um individualista cabeçudo – e ao mesmo tempo achar um nicho no qual pudesse depositar seu próprio volume de autênticas verdades. Sua peregrinação reivindica a afirmação de alguns espíritas de que um homem pode pertencer a qualquer crença e possuir conhecimentos espíritas, mas também apoia os que replicam que a perfeita harmonia com aqueles conhecimentos espíritas só pode ser encontrada, tal qual a coisa se encontra agora, em uma comunidade. Ah! se pudesse ser assim, pois é ele demasiado grande para se afogar em uma seita, por maior que seja ela. Na mocidade Home seguiu a Wesley, mas logo se passou para a mais liberal atmosfera do Congregacionalismo. Na Itália a atmosfera artística da Igreja Católica Romana e, possivelmente o registro de tantos fenômenos semelhantes aos seus próprios, levaram-no a se converter com a intenção de entrar para uma ordem monástica – intenção que o seu bom-senso o levou a abandonar. A sua mudança de religião se deu em um período em que as forças psíquicas o haviam abandonado durante um ano e seu confessor lhe garantiu que elas eram de origem perversa e que jamais lhe voltaria, agora que se transformara em um filho da verdadeira Igreja. Não obstante, no próprio dia em que se completava um ano, elas voltaram com renovado vigor. Desde então parece que Home foi católico apenas de nome, se é que o foi, e depois de seu segundo casamento – ambos com senhoras russas – foi ele fortemente atraído para a Igreja Grega e foi no seu ritual que o seu corpo foi encomendado em St. Germain, em 1886. A outro o discernimento dos Espíritos (1 Cor. :12,10) é a curta inscrição sobre aquele túmulo, do qual o mundo ainda não ouviu a última palavra.

Se fossem necessárias provas da vida inatacável de Home, estas não poderiam ser mais bem apresentadas do que pelo fato de que seus numerosos inimigos, sempre à espera de uma oportunidade para o ataque, jamais puderam encontrar algo em toda a sua carreira para um comentário, a não ser o caso absolutamente inocente, e que se tornou conhecido como o caso Home-Lyon. Qualquer juiz imparcial, lendo os depoimentos nesse caso, – e estes se encontram verbum ad verbum na segunda série dos **Incidents in My Life**[60] – conviria que não há censura, mas comiseração devida a Home. Não se poderia desejar maior nobreza de caráter do que a sua relação àquela mulher desagradável e caprichosa, que inicialmente lhe havia doado boa soma de dinheiro e depois, mudando de idéia, ao ver frustrada a esperança de ser apresentada na alta sociedade, nada levou em consideração com intuito de reaver aquele dinheiro. Se ela apenas tivesse

---

[60] *Incidentes em minha Vida.* – (Nota do tradutor no original)

pedido a sua devolução, não há dúvida de que os delicados sentimentos de Home o teriam levado a devolvê-lo, ainda que lhe tivesse custado muito trabalho e despesas, pois se tratava de mudar o seu nome para Home-Lyon, a fim de satisfazer a vontade daquela mulher que queria adotá-lo como filho. Suas exigências, entretanto, eram tais, que ele não as poderia aceitar honrosamente, pois implicava o reconhecimento de que procedera mal aceitando o presente. Consultando as cartas originais – o que, parece, não foi feito pelos poucos que comentaram o caso – verifica-se que Home, o seu procurador S. C. Hall e seu advogado Mr. Wilkinson imploraram àquela senhora que moderasse a sua desarrazoada benevolência que se havia transformado tão rapidamente em malevolência ainda mais desarrazoada. Ela estava absolutamente determinada a que Home ficasse com o dinheiro e se constituísse seu herdeiro. Jamais houve um homem menos mercenário: ele lhe pediu repetidamente que pensasse em seus parentes, ao que ela respondia que o dinheiro lhe pertencia e que ela poderia fazer com ele o que bem quisesse e que nenhum parente dependia dela. Desde o momento em que aceitou a situação, agiu e escreveu como um filho devotado e não é falta de caridade supor que essa atitude inteiramente filial não tivesse sido aquela que a velhota havia planejado. De qualquer modo, cedo ela se cansou de esperar e exigiu o dinheiro sob a escusa – escusa monstruosa para quem quer leia as cartas e considere as datas – de que mensagens espíritas é que a tinham levado a tomar aquela resolução.

O caso correu na Corte de Chancery e o juiz aludiu a inúmeras falsidades de Mrs. Lyon, em tão importantes detalhes – falsidades declaradas sob juramento e tão perversas que causavam um grande embaraço à Corte e

# Daniel Dunglas Home: O Médium Voador

desacreditavam o testemunho da queixosa. A despeito desse comentário cáustico e da elementar justiça, o veredito foi contra Home, por isso que, de um modo geral, é taxada como falha de provas a defesa em tais casos e uma completa falta de provas é impossível quando a ação é contestada. Sem dúvida Lord Giffard se teria mostrado superior à simples letra da lei, se não fosse tão profundamente contrário a qualquer referência às forças psíquicas, que, no seu modo de ver, eram manifestações absurdas e ainda eram sustentadas pela defesa em sua cara, na sua própria Corte de Chancery. Até os piores inimigos de Home foram forçados a admitir que o fato de haver ele retido o dinheiro na Inglaterra, em vez de o depositar em lugar onde não pudesse ser requisitado, prova as suas intenções honestas no mais infortunado episódio de sua vida. Não há notícia de que tenha ele perdido a amizade de um só dos homens de honra, que o tinham como amigos, por causa das maquinações de Mrs. Lyon. Os próprios motivos dessa senhora eram óbvios. Como todos os documentos estavam em ordem, seu único caminho para recuperar o dinheiro foi acusar Home de extorsão por meio de simulação; e ela era bastante esperta para saber que chance teria um médium – mesmo um médium amador e que não se fazia pagar – na ignorante e material atmosfera de uma corte de justiça do período médio-vitoriano. Ah! omitamos esse médio-vitoriano e a verificação é a mesma.

As faculdades de Home foram atestadas por tantos e tão famosos observadores e foram mostradas sob condições tão francas que nenhum homem razoável poderá pô-las em dúvida. Só a prova de Crookes é conclusiva. [61] Há também, o notável livro, recentemente reeditado, no qual Lord

---

[61] *Researches in the Phenomena of Spiritualism*, e, *S. P. R. Proceedings*, VI, p. 98.(Nota do autor no original)

Dunraven conta a história de sua mocidade em ligação com Home. Mas, de lado estes, entre aqueles que na Inglaterra investigaram nos primeiros anos e cujo testemunho público ou cartas a Home mostram que não só estavam convencidos dos fenômenos, mas também de sua origem espiritual, devemos mencionar a Duquesa de Sutherland, Lady Shelley, Lady Gomm, o Dr. Robert Chambers, Lady Otway, Miss Catherine Sinclair, Mrs. Milner Gibson, Mr. e Mrs. William Howitt, Mrs. De Burgh, o Dr. Gully (of Malvern), Sir Charles Micholson, Lady Dunsany, Sir Daniel Cooper, Mrs. Adelaide Senior, Mr. e Mrs. S. C. Hall, Mrs. Macdougall Gregory, Mr. Pickersgill, R. A., Mr. E. L. Blanchard e Mr. Robert Bell.

Outros que chegaram a admitir ser insuficiente a teoria da impostura para explicar os fenômenos foram: Mr. Ruskin, Mr. Thackeray (então redator do Cornhill Magazine), Mr. John Bright, Lord Dufferin, Sir Edwin Arnold, Mr. Heaphy, Mr. Durham (escultor), Mr. Nassau Senior, Lord Lyndhurst, Mr. J. Hutchinson (ex-secretário da Bolsa) e o Dr. Lockhart Robertson.

Tais foram as testemunhas e tal o seu trabalho. E ainda quando a sua vida utilíssima e altruísta chegava ao seu fim, deve ser lembrado, para eterna vergonha da Imprensa Britânica, que dificilmente se encontra um jornal que não se referisse a ele como um impostor e um charlatão. Contudo, chega o momento em que ele será reconhecido pelo que realmente foi – um dos pioneiros do lento e árduo avanço da Humanidade na selva da ignorância, que tanto a retardou.[62]

**SIR ARTHUR CONAN DOYLE** nasceu em Edimburgo, Inglaterra, a 22 de maio de 1859, tendo desencarnado

---

[62] Sir Arthur Conan DOYLE, *História do espiritismo,* p.169 a 186.

em Cowborough (Sussex), no mesmo país, no dia 07 de julho de 1930. Em 1981 conquistou enorme popularidade com as **Aventuras de Sherlock Holmes**. Escreveu também livros históricos. Aproximou-se dos fenômenos espíritas em 1887 e foi presidente da Federação Espírita Internacional. [Vide **Personagens do Espiritismo**, de Antonio de Souza Lucena e Paulo Alves Godoy, edição FEESP].

# Capítulo IV

## Robert Dale Owen (1801-1872)
## Comentários no livro
## Região em Litígio
## Entre este Mundo e o Outro

Robert Dale Owen (1801-1872) é filho do conhecido socialista inglês Robert Owen. Dale Owen foi um reformador social e um político influente nos Estados Unidos da América, tendo colocado nas mãos de Abraham Lincoln uma carta solicitando a abolição da escravatura naquele país e lutado pelos direitos da mulher. Ele teve seu texto vertido para o português pelo Marechal Ewerthon Quadros, da Federação Espírita Brasileira.

Dale Owen inicia essa obra com um ensaio crítico dos pontos centrais do pensamento de autores da reforma protestante (Calvino e Lutero) e conclui pela defesa de um Cristianismo entendido a partir da doutrina espiritualista. Erudito, o autor trata de questões da tradição cristã, como os dons mediúnicos (capítulo III) fazendo um debate com a tradição filosófica grega (o daimon de Sócrates). Segue-se o relato da experiência pessoal de Owen em quinze anos de contato com fenômenos espirituais. Seu contato com médiuns se inicia em 1856, em Nápoles, com experiências de escrita automática de uma médium parisiense. Ele prossegue com relatos em uma narrativa envolvente, de eventos em diversas partes do mundo.

Encontra-se em sua obra detalhes e dados dos fenômenos das irmãs Fox, especialmente Kate Fox em casa do Sr. Underhill e em diversas outras situações, experimentais ou não, em salas ou a céu aberto. Pneumatografia, elevação de mesas, raps e fenômenos de poltergeist são descritos por ele. O livro permite que se tenha contato com as médiuns além das narrativas quase míticas feitas pelos spiritualists do nosso tempo e dos relatos de experimentos laboratoriais, o que é muito importante para os estudiosos da história do movimento espírita. Além de fenômenos de efeitos físicos, a narrativa é repleta de eventos nos quais se atesta a identidade dos espíritos, a partir de informações desconhecidas pelos médiuns e pessoas envolvidas, o que o leva a escrever um capítulo no qual desenvolve a idéia de que 'os dons espirituais do primeiro século estão aparecendo também nos nossos dias'.[63]

Em sua obra, Robert Dale Owen também relata, no capítulo IV, intitulado **Fatos Espíritas**, episódio envolvendo a mediunidade do médium Daniel Dunglas Home, como segue:

Na primavera de 1858, estando em Nápoles, tive quatro sessões com um médium de reputação universal, D.Dunglas Home, e, em sua presença testemunhei um fenômeno que nenhum pensador sério pode testemunhar, quando genuíno, sem experimentar um sentimento estranho de se achar noutro mundo.

As sessões se efetuaram na sala de recepção de minha residência, no Chiaja, achando-se presentes além da minha família e o médium, o Conde d'Aquila, ou como comumente o chamávamos, o Príncipe Luiz, terceiro irmão do rei de Nápoles. As sessões se efetuaram na primeira metade da noite, com a sala brilhantemente iluminada. Assentámo-

---

[63] *Dados extraídos* do *site* www.jadersampaio.uaivip.com.br(N.O.)

nos ao redor da mesa central, de três pés e nove polegadas de diâmetro e éramos alumiados por um candeeiro pesando cerca de 39 quilos.

Na segunda sessão fomos todos sucessivamente tocados, depois de se haver dado uma singular manifestação. Em vários pontos, ao redor da mesa, a tábua superior recebeu pancadas vindas de fora, e ocasionalmente no sentido do eixo, como se uma mão a tocasse de baixo para cima. A Sra. Owen tocou e sentiu, através da coberta da mesa, alguma cousa que lhe pareceu pequena mão humana, fechada. Pelos golpezinhos, disseram que era a nossa filha, Florência, falecida em tenra idade. Depois, puxaram o vestido da Srª. Owen em direção diversa a do Sr. Home, por oito ou dez vezes e com tanta força, que disse que se estivesse dormindo, teria acordado. Isto lhe chamou logo a atenção, e notou que o seu vestido se movia, cada vez que o puxavam.

Então pedi que me dessem três toques, o que foi feito assaz distintamente. Depois, coloquei sobre o joelho a mão coberta com um lenço e, a pedido, foi ela imediatamente tocada por cima do lenço. A Srª. Owen também pediu lhe tocassem a mão, que ela colocou descoberta, por baixo da mesa. O fato sucedeu, não em sua mão, mas através da seda de um dos fofos do vestido.

Depois, de sob a mesa, em lugar oposto ao ocupado pelo Sr. Home, tocaram por três vezes as mãos da Srª. Owen, quando esta as mantinha em cima da mesa.

Durante todo esse tempo as mãos do Sr. Home pousavam na mesa. Logo depois, a mesa ergueu-se inteiramente do solo, a uma altura de quatro ou cinco polegadas, moveu-se para o lado da Srª. Owen, fazendo um percurso de doze polegadas e aí desceu ao solo. Elevou-se, depois, pela segunda vez e caminhou cerca de seis polegadas na mesma direção. Desta vez, o pé da mesa prendeu ao solo o vestido da Sr². Owen, impedindo que ela se levantasse, como o havia feito da primeira vez, e sendo preciso afastar a mesa para libertar o vestido.

Depois, uma grande cadeira de braços do peso de 20 ½ quilos, que estava desocupada por detrás do Sr. Home, cerca de quatro pés e meio daquela em que ele se assentava, moveu-se repentinamente para a mesa, em direção ao espaço situado entre o Sr. Home e a Sr². Owen. Ocupando o lugar oposto a esse, sucedeu que eu estivesse olhando naquela direção, de modo a ver-lhe o movimento. Com a rapidez com que ela vinha, esperei que chocasse fortemente a mesa, mas esta estacou sem tocá-la, a distância de uma ou duas polegadas. Convém dizer que ela se movia sobre o tapete.

Nesse momento o Sr. Home estava assentado junto à mesa, com as mãos descansadas sobre ela e sem dar a mínima demonstração de estar fazendo o menor esforço muscular.

Na seguinte sessão, a 6 de abril, os toques repetiram-se e ainda mais distintamente na quarta sessão, a 12 do dito mês, na qual a mão que nos tocou estava nua. Relatemos: a mão da Sr². Owen, colocada sobre o joelho e coberta com o pano, foi tocada por uma cousa semelhante à mão humana, macia, morna e um tanto úmida. O contato se produzia mesmo na mão da Sr². Owen e era tão distinto que toda ilusão tornava-se impossível. A Sr². Owen havendo já testemunhado esse fenômeno nas duas sessões precedentes, não se alterou e me disse que não se sentia nervosa nem intimidada.

O Príncipe Luiz foi repetidamente tocado, como nós, e depois me exprimiu com sinceridade a sua convicção de serem genuínos os fenômenos que havia testemunhado. Ele já tinha anteriormente feito experiências dessa ordem. (...).[64]

---

[64] Robert Dale OWEN, *Região em litígio entre este mundo e o outro*, p.329 a 331.

# Capítulo V

## William Crookes (1832-1919)
## Comentários no livro
## Fatos Espíritas

William Crookes, consoante os estudos do professor Charles Richet (1850-1935), foi quem deu por iniciado o chamado *período científico* da Metapsíquica, hoje Parapsicologia.

Considerado um dos mais proeminentes físicos do século XIX, Crookes foi eleito, em 1863, membro da Royal Society. Como cientista, é conhecido como o descobridor do elemento químico de número atômico 81, o Tálio; do radiômetro; do espintariscópio; do tubo de raios catódicos, mais conhecido como *tubo de Crookes*. Em 1907 recebeu o prêmio Nobel de Química e, em 1910, foi agraciado com a Ordem do Mérito.

Interessando-se pelos fenômenos paranormais assistiu a sessões com a médium Sra. Mary Marshall (1842-1884); com o célebre sensitivo psicofônico J.J.Morse (1848-1919), que o impressionou bastante. Foi a partir de 1870 que passou a investigar seriamente os fenômenos espíritas. Entre 1869 e 1875 promoveu sessões com diversos médiuns, podendo ser citados Daniel Dunglas Home, Kate Fox, Charles Edward Williams, Florence Cook e Annie Eva Fay.[65]

---

[65] Hernani Andrade GUIMARÃES, *A transcomunicação através dos tempos*, p.147 e 148.

As pesquisas com o médium Daniel Dunglas Home aconteceram em 1871 e foram relatadas por Crookes em sua famosa obra **Researches into the Phenomena of Spiritualism**, publicada em Londres em 1874 e que foi traduzida em 1900 para o vernáculo por Oscar D'Argonnel, e publicada pela Federação Espírita Brasileira sob o título **Fatos Espíritas – Observados por William Crookes e outros sábios.**

Nessa obra, ao comentar sobre de ser a escuridão essencial à produção dos fenômenos, considera a alegação inexata, com exceção de alguns casos nos quais a escuridão teria sido uma condição indispensável e que "quando a força é fraca, a luz muito viva exerce uma ação que contraria alguns fenômenos, citando, então que a força do Sr. Home é bastante forte para subjugar essa influência contrária; assim, ele não admite escuridão nas suas sessões". Enfatiza, ainda, o famoso pesquisador inglês:

> Afirmo que, exceto duas vezes em que, para algumas experiências, a luz foi suprimida, tudo que testemunhei foi produzido por ele [Home] em plena claridade.
>
> Tive diversas ocasiões de experimentar a ação da luz provinda de diferentes fontes e de cores variadas: – a luz do sol, luz difusa, luar, gás, lâmpada, vela, luz elétrica, luz amarela, homogênea, etc.[66]

No capítulo que dedicou ao relato das pesquisas em torno da "elevação de corpos humanos", Crookes afirma que os casos mais notáveis de elevação de que fui testemunha realizaram-se com o Sr. Home. E relata:

[66] William CROOKES, Fatos espíritas, p.26 e 28.

Em três ocasiões diferentes, vi-o elevar-se completamente acima do soalho da sala.

A primeira vez, estava ele sentado em um canapé; a segunda, de joelhos sobre uma cadeira, e a terceira, de pé. De cada vez, tive toda a liberdade possível para observar o fato, no momento em que ele se produzia. Há, pelo menos, cem casos bem verificados de elevação do Sr. Home, produzidos em presença de muitas pessoas diferentes; e ouvi mesmo da boca de três testemunhas: o conde de Dunraven, lord Lindsay e o capitão C. Wynne, a narração dos casos mais notáveis desse gênero, acompanhados dos menores incidentes. O número de testemunhas que confirmam as elevações do Sr. Home é enorme.[67]

Em seguida, examinando os fenômenos que envolviam "formas e figuras de fantasmas", cita nos anais de suas pesquisas que "esses fenômenos são os mais raros de todos os de que fui testemunha", relatando que ao cair do dia, durante uma sessão em sua residência com D.D. Home viu agitarem-se as cortinas de uma janela que estava cerca de oito pés de distância do médium.

Destaca, ainda, em suas memórias outros casos surpreendentes em que o Sr. Home era o médium:

Uma forma de fantasma avançou de um canto da sala, foi tomar uma harmônica, e em seguida deslizou ligeira pela sala, tocando esse instrumento. Essa forma foi visível, durante vários minutos, por todas as pessoas presentes, ao

---

[67] William CROOKES, *Fatos espíritas*, p. 36 e 37.

mesmo tempo que se via também o Sr. Home. O fantasma aproximou-se de uma senhora que estava sentada a certa distância dos demais assistentes, e, a um pequeno grito dessa senhora, desapareceu.

Durante uma sessão com o Sr. Home uma pequena régua atravessou a mesa para vir a mim, em plena luz, e deu-me uma comunicação, batendo-me em uma das mãos. Eu soletrava o alfabeto e a régua batia nas letras necessárias; a outra extremidade da régua repousava na mesa, a certa distância das mãos do Sr. Home. As pancadas eram tão claras e tão precisas, e a régua estava tão evidentemente sob a influência de um poder invisível que lhe dirigia os movimentos, que eu disse: 'a inteligência que dirige os momentos desta régua pode mudar o caráter dos seus movimentos e dar-me por meio de pancadas, em minha mão, uma comunicação telegráfica com o alfabeto Morse?'.

Tenho todos os motivos para crer que o alfabeto Morse era inteiramente desconhecido das pessoas presentes, e eu mesmo não o conhecia perfeitamente. Mal acabava de pronunciar aquelas palavras, o caráter das pancadas mudou; mas a comunicação continuou da maneira que eu tinha pedido. As letras foram-me dadas rapidamente, de modo que não pude apanhar senão uma ou outra palavra, e, por conseguinte, essa comunicação se perdeu; mas, eu tinha visto o bastante para convencer-me de que na outra extremidade da régua havia um bom operador de Morse, qualquer que ele fosse.

Outro caso, narrado por William Crookes, em sua obra:

Verificou-se à luz, em um domingo à noite, em presença do Sr. Home e de alguns membros da minha família, somente.

Minha mulher e eu tínhamos passado o dia no campo, e trouxemos de lá algumas flores que havíamos colhido. Chegando a casa, entregamo-las à criada para pô-las na água. O Sr. Home chegou logo depois, e todos nos dirigimos para a sala de jantar. Quando nos sentamos, a criada trouxe as flores que tinha posto em um vaso; coloquei-as no meio da mesa, cuja toalha tinha sido retirada: era a primeira vez que o Sr. Home via estas flores.

Depois de obtidas muitas manifestações, a conversa veio cair sobre certos fatos que pareciam não se poderem explicar senão admitindo que a matéria podia realmente passar através de uma substância sólida. A esse propósito a comunicação, que segue nos foi dada alfabeticamente: É impossível a matéria passar através da matéria, mas vamos mostrar o que podemos fazer.

Esperamos em silêncio; uma aparição luminosa foi logo vista pairando sobre o ramalhete de flores; depois, à vista de todos, uma haste de erva da China, de 15 polegadas de cumprimento, que ornamentava o centro do ramalhete, elevou-se lentamente do meio das outras flores e, em seguida, desceu à mesa defronte do vaso, entre este e o Sr. Home; chegando à mesa, esta haste não se demorou, mas atravessou-a em linha reta, e todas a vimos muito bem até passar por completo.

Logo depois da desaparição da erva, minha mulher, que estava sentada ao lado do Sr. Home, viu, entre ela e ele, mão estranha que vinha de debaixo da mesa e que segurava a haste da erva com a qual lhe bateu duas ou três vezes sobre os ombros, com um ruído que todos ouviram; depois depositou a erva no soalho e desapareceu. Só duas pessoas viram a mão, porém, todos os assistentes perceberam o movimento da erva. Enquanto isso se passava, podiam todos ver as mãos do Sr. Home colocadas tranqüilamente sobre a mesa, que estava diante dele. O lugar em que a erva desapareceu ficava a 18 polegadas daquele em que estavam as suas mãos; a mesa era uma das de sala de jantar, com molas, abrindo-se por meio de um parafuso: não era elástica, e a reunião das duas partes formava uma estreita fenda no meio; foi através desta fenda que a erva passara; medi-a e achei que tinha apenas 1/8 de polegada de largura. A haste da erva era demasiadamente grossa para que pudesse passar através desta fenda sem se quebrar; entretanto, todos a tínhamos visto passar por ali, sem dificuldade, docemente, e, examinando-a em seguida, vimos que ela não oferecia a mais ligeira marca de pressão ou de arranhão.

O professor Crookes emite, ainda, outros comentários no seu livro a respeito do médium D. D. Home:

Há enorme diferença entre as sortes de um escamoteador de profissão que, cercado de aparelhos, auxiliado por certo número de pessoas ocultas e de comparsas, iludem pela destreza e ligeireza de mãos, em seu próprio teatro, e os fenômenos que se produzem em presença do Sr. Home, em plena luz, num aposento particular que, até ao começo da sessão, foi ocupado sem interrupção por mim e por meus amigos, que não somente não teriam favorecido a menor fraude, mas ainda observavam de parte tudo o que se passava. Ainda mais: o Sr. Home foi muitas vezes examinado antes e depois das sessões, a seu próprio pedido. Durante as manifestações mais notáveis eu lhe segurava por vezes as mãos e colocava os meus pés sobre os seus; não propus uma só vez modificar as disposições para tornar a fraude menos possível, sem que ele não consentisse imediatamente, e, muitas vezes mesmo, chamou a atenção para os meios de controle que se podiam empregar.

Falo sobretudo do Sr. Home, porque tem muito mais força que os outros médiuns com os quais fiz experiências; mas, com todos, tomei precauções suficientes para que a fraude fosse riscada da lista das explicações possíveis.[68]

Finalmente, em seu livro **Fatos Espíritas**, o nobre professor William Crookes destaca que na obra **Life and Mission**[69] o médium D.D.Home narra o seguinte caso:

Quando eu residia em Springfield, tive uma grave moléstia que me reteve ao leito durante algum tempo. Um dia, na ocasião em que o médico se retirava, um Espírito me deu esta comunicação: 'tomai o trem da tarde para Hartford, pois trata-se de um negócio importante para o progresso da causa; não repliqueis, fazei simplesmente o que vos dizemos'. Dei conhecimento à minha família dessa extraordinária ordem, e, apesar do meu estado de fraqueza, tomei o trem, ignorando completamente o que eu ia fazer e o fim de tal viagem.

Ao chegar a Hartford, veio ao meu encontro um estrangeiro, que me disse: 'Só tive ocasião de vos ver uma única vez, mas creio que falo com o Sr. Home'. Respondi-lhe afirmativamente, acrescentando que eu chegava a Hartford

---

[68] William CROOKES, *Fatos espíritas*, p.45 a 47; 52 a 53.
[69] Vide capítulo II, item 7, segunda parte, desta coletânea. (N.O.)

sem nenhuma idéia do que se queria da minha pessoa. 'É engraçado!' Replicou o meu interlocutor, 'eu vinha exatamente tomar o trem para vos ir procurar em Springfield'. Explicou-me, então, que 'uma família influente, bem conhecida, me pedia para eu fazer-lhe uma visita e prestar o meu concurso às investigações que ela desejava fazer sobre o Espiritismo'. O fim da viagem começava pois a desenhar-se, mas o mistério permanecia ainda velado.

Agradável trajeto em carruagem conduziu-nos logo ao nosso destino. O dono da casa, o Sr. Ward Cheney, que veio receber-me à porta, saudou-me, dizendo que não esperava que eu chegasse senão no dia seguinte pela manhã.

Logo que entrei no vestíbulo, a minha atenção foi atraída por um ruído semelhante ao farfalhar de um pesado vestido de seda. Olhei ao redor de mim e fiquei surpreendido de não ver ninguém; passamos, então, a uma das salas e não me preocupei mais com esse incidente.

Pouco depois, vi no vestíbulo uma velha baixa, com pesado vestido de seda escura, a qual parecia muito preocupada. Aí estava a explicação desse mistério; eu tinha ouvido, sem ver, essa pessoa que ia e vinha pela casa.

Repetindo-se o farfalhar do vestido, o Sr. Cheney, que o tinha ouvido ao mesmo tempo que eu, perguntou-me de onde vinha esse ruído. Ora esta! respondi, é do vestido de seda escura dessa velha que vejo no vestíbulo. Quem seria essa pessoa? A aparição era, efetivamente, tão perfeita que eu não duvidava que fosse uma criatura em carne e osso. Como o resto da família chegasse naquele instante, as apresentações impediram o Sr. Cheney de me responder, e, naquele momento, eu não tive mais ocasião de obter informações.

Tendo sido servido o jantar, fiquei admirado de não ver, à mesa, a senhora do vestido de seda; esse fato despertou a minha curiosidade e essa senhora tornou-se logo para mim um objeto de preocupação.

Quando todos deixaram a sala de jantar, ouvi de novo o farfalhar do vestido de seda e, também, uma voz disse: 'eu estou aborrecida porque colocaram um caixão sobre o meu; não quero que ele fique ali'.

Tendo eu dado parte dessa comunicação ao dono da casa e à sua mulher, eles se olharam com admiração, e, depois, o Sr. Cheney, rompendo o silêncio, me disse que reconhecia perfeitamente esse vestido, a sua cor e mesmo seu gênero de seda e espessura, mas que o fato do caixão colocado sobre o dela era um absurdo. Essa resposta me tornou perplexo; eu não sabia mais o que dizer.

Uma hora depois, ouvi de repente a mesma voz pronunciar exatamente idênticas palavras, porém acrescentando o seguinte: 'Além disso, Seth não tinha o direito de cortar essa árvore. Tendo narrado ao dono da casa essa nova comunicação, ele ficou muito inquieto'.' Há, em tudo isso', disse-me ele, 'alguma coisa bem extraordinária. Meu irmão Seth cortou uma árvore que embaraçava a vista, e dissemos-lhe que, se a pessoa – que ora pretende falar-vos – fosse viva, não consentiria no corte dessa árvore. Quanto ao resto da comunicação afirmo que não tem nada de racional'.

A mesma comunicação me foi dada à noite pela terceira vez, e me expus de novo a um desmentido formal. Eu estava sob o golpe de uma impressão muito penosa, quando me recolhi ao quarto, pois nunca tinha recebido comunicação mentirosa, e mesmo, admitindo o bom senso do seu agravo, semelhante insistência, da parte de um Espírito desencarnado de não querer que um outro caixão fosse colocado sobre o seu, me parecia absolutamente ridícula.

Pela manhã, manifestei ao dono da casa o meu profundo

desapontamento, respondendo-me ele que também estava muito sentido, mas ia provar-me que esse Espírito – se realmente era aquele que dizia ser – estava perfeitamente enganado. 'Vamos até ao jazigo de minha família', acrescentou, 'e vereis que, embora tivéssemos querido, não fora possível colocar um outro caixão em cima do dela'.

Logo que chegamos ao cemitério, fomos procurar o coveiro, que guardava a chave do jazigo. Na ocasião em que ele ia abrir a porta, pareceu refletir e disse com um ar um tanto embaraçado, voltando-se para o Sr. Cheney: 'Devo participar a V.S. que, como restava justamente um pequeno espaço em cima do caixão da Sr.\*\*\*, coloquei ali o caixãozinho do filho de L... Penso que isso não tem importância, mas talvez fora melhor que eu vos tivesse prevenido disso. Ele está lá desde ontem apenas'.

Nunca me hei de esquecer do olhar que me lançou o Sr. Cheney, quando me disse, voltando-se para mim:' Meu Deus, é pois uma verdade!'.

À noite, o Espírito manifestou-se de novo e disse-nos: 'Não acrediteis que eu ligue a menor importância ao caixão colocado sobre o meu; pode ser colocada até uma pilha de caixões, com isso não me incomodo'. **O meu único fim era dar, de uma vez para sempre, prova da minha identidade, de vos levar à convicção absoluta de que sou sempre um ser vivo e racional, a mesma E... que sempre fui.**[70] (grifo do Organizador).

---

[70] William CROOKES, *Fatos espíritas*, p.155 a 159.

Os relatos do professor William Crookes sobre os seus encontros com o médium Daniel Dunglas Home, publicadas nos **Proceedings da Sociedade para Pesquisas Psíquicas** em 1889, representam a mais embaraçosa evidência da realidade dos fenômenos físicos do "Spiritualism" que a referida Sociedade até então havia publicado.[71]

---

[71] A.César Perri de CARVALHO FILHO; Osvaldo MAGRO, *Entre a matéria e o espírito,*p.94.

# Capítulo VI

## Alexandre Aksakof (1832-1903)
## Comentários no livro
## Animismo e Espiritismo

Nasceu em Repievka (Rússia) em 27/05/1832 e desencarnou em S. Petersburgo (o nome mudou depois para Leningrado), a 04/01/1903. Foi um dos grandes cientistas que se notabilizou na investigação e análise dos fenômenos espíritas, no século XIX. Doutor em Filosofia e conselheiro íntimo de Alexandre III, Tzar de todas as Rússias.

O livro de Aksakof **Animismo e Espiritismo** foi uma réplica à brochura que o célebre filósofo alemão Karl Robert Eduard von Hartmann (1842-1906) fez editar em 1885, abordando aspectos do Espiritismo.

Escreveu ainda Aksakof, em fevereiro de 1890: Interessei-me pelo movimento espírita desde 1855 e, desde então, não deixei de estudá-lo em todas as suas particularidades e através de todas as literaturas. Em 1870 assisti à primeira sessão, em um círculo íntimo que eu tinha organizado. Não fiquei surpreendido de verificar que os fatos eram reais e adquiri a convicção profunda de que eles nos ofereciam – como tudo o que existe na Natureza – uma base verdadeiramente sólida, um terreno firme para a fundação de uma ciência nova que seria talvez capaz, em um futuro remoto, de fornecer ao homem a solução do problema da sua existência. Fiz tudo o que estava ao meu alcance para tornar os fatos conhecidos e atrair sobre o seu estudo a atenção dos pensadores isentos de preconceitos.[72]

Em sua obra **Animismo e Espiritismo**, Alexandre Aksakof refere-se, no capítulo IV, intitulado "A Hipótese dos Espíritos"– em que declara, no *caput*, que *os fatos expostos* "(...) parecem autorizar-nos a admitir para a explicação de certos fenômenos mediúnicos a intervenção de um agente extramediúnico" – sobre as experiências realizadas pelo sábio William Crookes com Daniel Dunglas Home, quando aquele relata que em sua residência viu, em uma sessão com o médium,

(...)moverem-se as cortinas de uma janela, que estava cerca de 8 pés de distância do Sr. Home. Uma forma sombria, opaca, semelhante a uma forma humana, foi divisada por todos os assistentes, de pé, próxima à vidraça, sacudindo a cortina com a mão. Enquanto a olhávamos, desapareceu, e as cortinas deixaram de mover-se.[73]

---

[72] http://www.espiritismogi.com.br/biografias. Acesso em 11.11.207. (N.O.)
[73] Alexandre AKASAKOF, *Animismo e espiritismo*, p.269.

# Capítulo VII

## Hermínio C. Miranda (1920 -) Comentários no livro Sobrevivência e Comunicabilidade dos Espíritos

## Primeiro Comentário:

## "Um precursor esquecido:Daniel Dunglas Home"

A observação desapaixonada do imenso painel da História revela a nítida interferência dos poderes superiores nos impulsos criadores e renovadores da Humanidade. Em outras palavras mais simples: A História é um jogo inteligente de forças espirituais, com motivações e destinação espirituais. Se fosse preciso demonstrar a tese, bastaria tomar o exemplo do movimento espiritual desencadeado em 1848, em Hydesville, nos Estados Unidos.

E mais ainda: vemos que as genuínas correntes históricas trazem em si mesmas um ímpeto irresistível, que mesmo as imperfeições, fraquezas e deserções humanas não conseguem deter. As meninas da família Fox, certamente incumbidas pelos seus mentores espirituais do trabalho inicial, não resistiram à pressão insuportável das forças adversas e acabaram passando a si próprias atestados de fraude, para, depois, desmentirem o desmentido. Isso levou Harry Price (in Fifty Years of Psychical Research) a oferecer ao leitor duas alternativas: Margaret Fox foi médium fraudulenta ou uma grande mentirosa. As alternativas de Price – como, aliás, inúmeros dos seus comentários – são impiedosas e extremadas. É inegável que elas produziram fenômenos autênticos que, na época, despertaram paixões violentas naqueles que não suportam ver seus interesses e suas crenças sacudidos pela base. Posteriormente, comercializaram suas faculdades – caminho mais fácil e direto para a fraude consciente. É possível que, para se verem livres da pressão social, tenham resolvido "confessar" que fraudavam, do que mais tarde se arrependeram. Não é justo pregar rótulos cruéis em seres humanos dos quais não conhecemos direito as motivações, o ambiente em que viveram, as crises que experimentaram, as coações que sofreram e as aflições por que passaram.

O que se pretende evidenciar aqui é que, a despeito da fragilidade humana, a marcha da espiritualização da Humanidade segue em frente e, como nos é permitido saber, às vezes, aqueles que perseguem e ridicularizam médiuns costumam voltar mais tarde, em outras vidas, como médiuns...

Uma vez disparados os dispositivos da "revolução espiritual", em 1848, vemos que uma verdadeira constelação de médiuns, das mais variadas faculdades, começou a despontar pelo mundo a fora. No espaço de algumas décadas, de meados do século XIX até princípio do século XX, viveram centenas de bons médiuns, muitos dos quais foram experimentados a sério pelos grandes cientistas da época. Mencionemos apenas alguns, dos mais famosos: as três jovens Fox, Daniel Dunglas Home, Eusapia Palladino, Florence Cook, Eva C. (Carrière), Madame d'Espérance (Elizabeth Hope), Willi e Rudy Schneider (conterrâneos de Adolf Hitler), Franeck Kluski, Leonore Piper, Julian Ochorowicz, Henry Slade e outros.

Claro que, na posição de pioneiros de um movimento criado para renovar o pensamento humano, não foi fácil a tarefa desses precursores. Precisamos conceder a cada um deles uma larga margem de compreensão e tolerância pelas falhas humanas que porventura tenham demonstrado, mesmo porque não tinham ainda um corpo doutrinário consolidado em que se apoiassem para compreender suas próprias faculdades e orientar o exercício de suas tarefas. Além do mais, como portadores de recursos insólitos, mal compreendidos e pouco estudados, viam-se, de repente, sob o foco de atenções e solicitações, como figuras de um outro mundo que todos queriam ver, apalpar e examinar. Era difícil resistir às atenções, às ofertas de dinheiro e ao cortejo dos grandes e poderosos da época, tanto quanto aos ódios e à hostilidade de muitos.

Ninguém enfrentou maiores dificuldades nesse campo do que Daniel Dunglas Home, cuja existência é uma legenda que ainda hoje parece a muitos enigmática. Há uma verdadeira torrente de livros e referências sobre esse homem curioso, que tinha livre acesso às brilhantes cortes européias do século passado.

Home nasceu numa vila chamada Currie, perto de Edinburgh, na Escócia, a 20 de março de 1833. Sabe-se que sua mãe também possuía faculdades psíquicas. Seu pai era ligado à nobre família dos Home, de Dunglas. O médium dizia que seu pai era filho ilegítimo do décimo **earl** de Home.[74]

Jean Burton, na excelente biografia de Home – **Heyday of a Wizard**, publicada por George G. Harrap em 1948 – comenta a dificuldade que enfrentaram os contemporâneos do médium para entendê-lo e classificá-lo. Não era um artista de palco nem um religioso. Gostava de ser recebido

---

[74] "Earl" – Título correspondente ao Conde na nobiliarquia continental. Fica abaixo do Marquês e acima do Visconde. (Nota de Hermínio Miranda)

como igual e que jamais alguém se lembrasse de oferecer-lhe dinheiro pelas suas sessões. Aceitava, porém, jóias – de que muito gostou, até o fim da vida –, roupas, desse teor; dinheiro, não. Como seria sua aparência?

A princesa de Metternich o descreve assim: Estatura razoável, magro, corpo bem construído; vestido de boas roupas, com gravata branca, parecia um gentleman da mais elevada posição. Seu rosto era atraente na sua expressão de suave melancolia. Era pálido, de olhos azuis de porcelana – olhos penetrantes, um tanto sonolentos –, cabelos avermelhados, espessos, abundantes, mas não longos demais; não gaforinha de pianista ou de violonista; em suma, era de aparência agradável, nada de extraordinário, a não ser, talvez, a palidez da pele, que parecia natural, no seu contraste com o cabelo vermelho e a barba.

Por motivos que não ficaram bem claros, com um ano de idade o menino foi viver com uma tia casada, sem filhos, a Sra. Mary McNeal Cook, com quem passou uma infância normal, em um lugar chamado Portobello. Quando Daniel tinha nove anos de idade, a família Cook mudou-se para os Estados Unidos, onde já se encontravam os pais de Home, desde 1840, com os seus sete filhos. Tia Mary foi morar em Greenville, no Estado de Connecticut. Como os pais viviam por perto, Daniel visitava-os de vez em quando.

Sua saúde era precária, tossia muito e tinha desmaios. Mais tarde, transmitiria sua tuberculose à primeira esposa, Sacha, sobrevivendo-lhe, no entanto, por muitos anos. Já então começavam suas experiências psíquicas; uma das primeiras foi a visão do Espírito de seu amigo Edwin, recentemente falecido. Informam também os biógrafos que o menino foi orador precoce, muito fluente e com entonações de pregador sacro, gostando de recitar versos sentimentais e religiosos e pequenos discursos sobre o pecado, a prece, a morte.

A tranqüila vida na casa dos Cook, no entanto, começou a ser perturbada pelos fenômenos de efeito físico que assustavam toda gente, a começar pelo jovem Home. Eram batidas por toda parte e movimento de móveis e utensílios pela casa. Certa vez, uma cadeira perseguiu-o no seu próprio quarto. Daniel, apavorado, não sabia o que fazer, pois a peça ficara entre ele e a porta de saída. A um passo, a cadeira parou, ele saltou rápido por cima dela, apanhou o chapéu e saiu para a rua, para botar as idéias no lugar, tentando compreender o fenômeno. Para encurtar a história: tia Mary, de rígida formação protestante, deve ter achado que o sobrinho tinha parte com o demônio e que era melhor ele deixar a casa, o que fez imediatamente. Curioso que não tenha procurado a casa dos pais e sim a de uns amigos. Foi assim que iniciou sua vida de peregrinação de casa em casa, ali mesmo por New England, [75] prelúdio da futura peregrinação de palácio em palácio na Europa.

Suas maneiras eram gentis, 'era efusivo nas expressões de gratidão – diz Jean Burton –, rápido em tomar a cor local, eminentemente adaptável, sempre pronto para ajudar as crianças nos seus deveres, brincar com o gato ou admirar o desenho de uma nova manta. A natureza preparou-o, em suma, para ser o hóspede perfeito'.

No verão de 1851, o Dr. George Busch descobriu Home e quis fazer dele um pregador da New Church. [76] Busch, homem de grande cultura, era professor de Línguas Orientais na Universidade de Nova York. Home achou boa

---

[75] A região conhecida como New England é formada pelos Estados americanos de Maine, New Hampshire, Vermont, Massachusetts, Rhode Island e Connecticut. (Nota de Hermínio Miranda)

[76] New Church ou New Jerusalém Church, religião baseada nos ensinamentos de Swedenborg. (Idem)

a idéia e aceitou o oferecimento, mas em 48 horas voltou ao professor para desfazer o trato, porque o Espírito de sua mãe o aconselhara nesse sentido. 'Meu filho', dissera ela, 'você não deve aceitar essa bondosa oferta, porque sua missão é mais ampla do que pregar do púlpito'.

E assim foi feito.

Já então o jovem Home começava a incomodar o clero das religiões estabelecidas, muito embora durante a sua vida buscasse viver em bons termos com elas. Foi sucessivamente metodista, congregacionalista e católico, terminando na Igreja Ortodoxa Grega. É que suas sessões mediúnicas passaram a despertar enorme interesse do público e da imprensa. Sacerdotes e ministros certamente não se sentiam bem diante daquele rapazinho que fascinava suas ovelhas com fenômenos insólitos. Home, com modéstia e sinceridade quase inocente, devolvia as mais amargas vituperações, dizendo mansamente: 'Ao passo que as Igrejas estão perdendo seus prosélitos, seus fenômenos estavam trazendo mais conversos às grandes verdades da imortalidade do que todas as seitas cristãs, tornando impossível as idéias materialistas e cépticas, infelizmente tão preponderantes nas classes educadas'.

Esse engano de achar que a Igreja deveria receber o Espiritismo de braços abertos foi comum entre os médiuns da primeira hora e até mesmo entre alguns espíritas. O raciocínio é perfeitamente lógico e razoável: se um dos principais pontos de sustentação do Cristianismo é a sobrevivência da alma, era de esperar-se que a Igreja acolhesse com sofreguidão os métodos experimentais que demonstravam tal realidade. Mas, nem sempre os homens agem dentro da lógica, especialmente quando estão em jogo suas posições, seus interesses, suas crenças, seus temores e suas paixões.

Foi nessa época que Home se tornou amigo de uma das figuras lendárias do Espiritismo nascente, o Juiz John Edmonds, da Corte Suprema de Nova York.

Em 08 de agosto de 1852, em casa de Ward Cheney, de conhecida família de indústrias da seda, Home levitou pela primeira vez.

Repetiria esse fenômeno inúmeras vezes, ao longo da sua carreira, sob as condições mais estranhas e sob os olhos atônitos de testemunhas do mais alto gabarito.

Gostava que as sessões se realizassem com pouca gente – seu número ideal era nove pessoas, inclusive ele, Home. Os Espíritos insistiam em que não houvesse cães no aposento das sessões, que ninguém fumasse e, por alguma razão obscura, não gostavam que Home se sentasse em almofadas de seda.

Os fenômenos eram muitos e variados e quase sempre em plena claridade. Os móveis levitavam, dançavam e batiam ritmadamente. Sinos e campainhas sobre os móveis eram sacudidos; mãos materializadas moviam objetos menores e flores, ou tocavam acordeão. Espíritos se materializavam de corpo inteiro, traziam "aportes". De uma vez trouxeram uma plantinha que foi colocada em um vaso de terra e "pegou". Fenômeno curiosíssimo era o alongamento do corpo de Home, repetido sob condições de controle, no qual o médium crescia à vista de todos, seis ou oito polegadas, ultrapassando o tamanho da roupa. Mais para o fim de sua carreira extraordinária, desenvolveu a faculdade da incombustibilidade: apanhava brasas vivas com as mãos, sem se queimar. De uma vez, mergulhou todo o rosto em um braseiro, sem que sofresse absolutamente nada. Além disso, transmitia mensagens escritas ou faladas – hoje chamadas psicográficas e psicofônicas – de Espíritos relacionados com os presentes.

É fácil de se imaginar a tremenda sensação que esses fenômenos provocavam entre aqueles que tinham a ventura de desfrutar a amizade do jovem Home, pois ele insistia em realizar suas proezas apenas para os amigos, que o hospedavam, às vezes, por longas semanas e até meses. Um certo Dr. Gerald Hull, que lhe ofereceu um dia dinheiro pelo seu trabalho, acabou reconhecendo que tinha cometido erro imperdoável: havia proposto a Home pagar-lhe as despesas e mais cinco dólares por dia. O médium ficou ofendidíssimo e Hull desculpou-se, hospedando Home em sua casa em base puramente social.

Nesse tempo alguém lembrou que o médium tinha ainda muito pouca instrução e que convinha prepará-lo melhor, pois pensavam em destiná-lo à Medicina. Com esse propósito, o Dr. Hull matriculou o jovem em um instituto local – isso em Newburgh, sobre o Hudson, para que Home estudasse alemão, francês e fizesse um curso pré-médico. No outono, ele seguiu para Nova York a fim de matricular-se na Faculdade de Medicina, mas uma série de acontecimentos impediu que isto se concretizasse e assim se perdeu um médium-médico. Home voltou para Hartford, esteve em Springfield e depois seguiu para Boston, onde conheceu a família Jarves, amigos do famoso casal Browning. Os caminhos de Home e dos Browning haveriam de se cruzar várias vezes, de futuro, sob estranhas condições e extrema tensão.

Nessa altura, com a saúde precária, Home resolveu partir para a Inglaterra, cujo clima, certamente, não se recomendava para ele. Não era fácil, ainda mais, separar-se de seus bons amigos que o acolhiam e o respeitavam e partir para a grande aventura do desconhecido, mas seus amigos espirituais lhe diziam que ele deveria ir 'e seus conselhos não poderiam ser ignorados. E assim, a 31 de março de 1855, parte ele, pálido, magro, tuberculoso, com a voz e a roupa muito bem cuidadas, 22 anos de idade, para empreender a conquista da Inglaterra'.

São palavras de sua biógrafa.

Levou uma carta de apresentação para um certo Mr. William Cox, dono de um hotel do mesmo nome, onde se hospedou. Cox recebeu o jovem médium como a um filho. E com certeza não lhe cobrava a hospedagem.

Dentro em pouco, Home estava causando sensação com as suas extraordinárias faculdades mediúnicas, especialmente nas rodas mais sofisticadas da sociedade britânica. Continuava a insistir em que não compreendia suas faculdades, pois era simples instrumento de seus Amigos Espirituais, aos quais não podia comandar à sua vontade. Eles vinham quando queriam e faziam o que desejavam fazer.

Foi nessa época que Home e os Browning se encontraram pela primeira vez. Robert e Elizabeth – depois da fuga sensacional que realizaram para se casar – voltaram à Inglaterra pela primeira vez em visita, pois viviam em Florença desde o casamento. Elizabeth, poetisa tão famosa quanto seu marido, não cabia em si ante as notícias das fantásticas demonstrações de Home. Em 13 de julho de 1855 escreve para sua irmã Henrietta: '...Quanto a Hume,[77] vamos vê-lo, e eu te direi. É a pessoa mais interessante para mim na Inglaterra, tanto de Somersetshire como do número 50 da Wimpole Street....'[78] Elizabeth não se decepcionou com Daniel Dunglas Home; ao contrário, viu confirmadas as suas expectativas, não só pela fama do médium e autenticidade dos fenômenos, mas também pela certeza que ele lhe trazia da sobrevivência do

---

[77] O nome de família era mesmo Home, mas o pai de Daniel assinava Hume. O médium ainda muito jovem passou a assinar-se Home, que conservou a vida inteira. (Nota de Hermínio Miranda)

[78] A família de Elizabeth – os Barrett – tinha sua mansão nesse endereço. (Idem)

Espírito, que, para ela – que há algum tempo vinha lendo e experimentado nesse campo – era pacífica. Quanto a Robert, não se pode dizer o mesmo. Ao contrário, o poeta manifestou, com relação ao médium, uma hostilidade agressiva, da qual não fazia o menor segredo. Mais tarde, escreveria um longo e elaborado poema no mais duro estilo satírico, inspirado em Home. Chamou-lhe **Mister Sludge, the Medium.** Sludge, que aí aparece como nome próprio, significa lama, massa barrenta ou untosa. Em carta a um amigo, certa vez, Robert usou uma expressão tão rude que não poderia ser aqui reproduzida.

O desacerto Home-Browning teria seqüência em outras oportunidades, de modo especial em Florença, pouco tempo depois, durante uma visita do médium à colônia inglesa rica, aristocrata e intelectual, que lá vivia por causa do bom clima e da vida barata. Quando Elizabeth soube que ele estava em Florença, escreveu com grande entusiasmo à sua infalível irmã Henrietta, dizendo que uma amiga, a Srª. William Burnet Kinney, esposa do ministro americano (embaixador) na Sardenha, que costumava ser tão violenta com os Espíritos como Robert, acabou se convencendo de que era totalmente impossível atribuir à fraude os fenômenos produzidos por Home. 'Os fenômenos em Florença – prossegue Elizabeth – parecem ser de natureza espantosa. Uma princesa polonesa (Princesa Lubomirski) recebeu uma comunicação em sua própria língua...' A sessão foi realizada na casa dos Trollope (Anthony Trollope, novelista inglês). Um vidro de água destilada, comprada na farmácia, deixou desprender, à vista de todos, um "vapor" e ficou perfumada. Disseram os Espíritos – é Elizabeth quem conta – que a água era chamada "ódica" e que a Srª. Kinney, que estava doente, deveria conservar o frasco em lugar escuro e tomar uma colher de chá por dia... "which she does..." conclui a carta, ou seja, "o que ela está fazendo".

Robert, indignado com o interesse de sua esposa pelo Espiritismo, que ele julgava uma grossa mistificação, transferia facilmente a sua revolta para Home, a quem não poupava, tanto em conversação social quanto em suas cartas e depois no poema famoso. Em uma sessão realizada, entre outros, com Robert e Elizabeth, houve um incidente sério. Elizabeth, extremamente chocada, agarrou ambas as mãos do médium e pediu que perdoasse Robert.

Home sentiu-se profundamente desapontado com as situações que ali viveu. Em carta a Henrietta (18-11-1856), Elizabeth conclui vitoriosa: 'Todo mundo adoraria deixar de crer em Home, mas ninguém pode. Eles detestam-no e acreditam nos fatos. Home, por sua vez, escreveu, desanimado: Minhas experiências da vida e de suas falsidades já deixaram marca tão indelével na minha alma, por causa das minhas recentes experiências em Florença, que eu gostaria de afastar-me de tudo quanto pertence a este mundo'. Chegou mesmo a pensar em entrar para um convento. E a sério. Um certo Monsenhor Talbot encarregou-se de instruí-lo e dentro de três semanas Home foi crismado, no Domingo de Páscoa, por um sacerdote jesuíta. O conde Branicka e a Condessa de Orsini foram seus padrinhos. Pio IX concedeu-lhe audiência pessoal. Fez-lhe muitas perguntas penetrantes, mas bondosamente formuladas. Acabou despedindo o novo converso com sua benção. Disseram nessa ocasião que ele havia prometido ao Papa abandonar o exercício de suas faculdades, o que ele negou enfaticamente depois: 'Eu não poderia fazer tal promessa, e nem ele a exigiu de mim...'

Nada mais se falou da sua entrada para o convento e de Roma

se dirigiu, com a família Branicka – que o tinha tomado aos seus cuidados – a Paris, para estudar francês, segundo ele mesmo declarou. Muito gentilmente, o Papa recomendou-lhe seu próprio confessor, o erudito jesuíta, Padre Xavier de Ravignan, pregador da capela das Tulherias.

Essa temporada de Home em Paris foi um extravagante período na vida do médium. Padre Ravignan desempenharia junto dele um papel significativo. Mais uma vez, o caminho dos Browning se cruzava com o de Home. O casal de poetas estava em Paris e Elizabeth imediatamente escreveu a Henrietta para anunciar, algo aflita, a presença do médium, preocupada em que ele e Robert pudessem encontrar-se e reacender antigos rancores, pois, segundo suas próprias expressões, Home era 'ainda um osso na garganta do leão', mas Robert prometeu a ela comportar-se bem e limitar-se a ignorar o médium se, por acaso, cruzasse com ele na rua, o que já era muito. Por via das dúvidas, Elizabeth pediu na carta que, na resposta ou em futuras cartas, Henrietta jamais mencionasse o nome de Home, certamente para que Robert não soubesse que elas ainda se ocupavam de tal indivíduo.

O momento era particularmente difícil para Home. Abandonado subitamente pelos Branicka – que se cansaram dele – ficou em Paris sem dinheiro e sem muitos amigos. Corria mesmo a notícia – segundo apurou Elizabeth Browning – de que o médium estava muito mal de saúde ou até mesmo nas últimas, por causa da fraqueza de seus pulmões.

Padre Ravignan revelou-se um bom e paciente companheiro, certamente pelo interesse em conquistar aquela alma para a sua fé e sua Igreja, mas inegavelmente também porque era homem de excelente conteúdo humano e tolerante com o seu curioso catecúmeno. Além de tudo, Home fora também abandonado pelos seus Amigos Espirituais que, descontentes com algumas práticas, retiraram-se, anunciando que somente retornariam às suas tarefas junto ao médium depois de passado um ano inteiro.

Toda a Paris especulava sobre o estranho fenômeno da suspensão da mediunidade e sobre quando e como poderia ela ser restaurada, como se Home fosse um famoso cantor de ópera, temporariamente afastado das luzes da ribalta. A sociedade sofisticada do Segundo Império achava que se tratava simplesmente do que hoje se chamaria um "golpe de publicidade". Era um "vedetismo" de Home, nada mais. No entanto, os Espíritos cumpriram a palavra; deixaram-no um ano sem atividades mediúnicas. Completou-se o prazo a 10 de fevereiro de 1857. No dia 11, pela manhã, Home foi procurado pelo Marquês de Belmont, enviado pessoal do Imperador Napoleão III. Teriam os poderes do Monsieur Home retornado? Tinham. Precisamente ao soar meia-noite, no dia 10, um Espírito veio saudá-lo, levantar o seu moral e dizer que tudo estava bem. Logo em seguida, Padre Ravignan também apareceu ansioso para saber das novas. Não precisou nem falar: foi recebido com batidas espirituais por toda parte. O sacerdote explicou a Home que aquilo tinha de parar, senão ele não poderia conceder-lhe a absolvição. Home argumentou que os Espíritos estavam satisfeitos por encontrá-lo em tamanho estado de pureza, o que certamente facilitava os contatos. Mas o padre manteve-se firme, a despeito de Home ter acrescentado, como sempre fazia, que as manifestações não estavam sob o controle da sua vontade. Ravignan, que não queria abandonar a alma do seu pupilo ao "demônio", insistiu em que uma vez que Home não podia evitar as "alucinações" pelo menos poderia desencorajá-las, pois quanto a ele, padre, somente via quando queria ver e somente ouvia quando queria ouvir. Depois desse conselho, preparou-se para partir, e, ao levantar a mão para dar a bênção a Home, o barulho dos raps recomeçou por toda parte. Era o fim. Padre Ravignan se retirou e, a despeito dos seus entreveros com a Igreja, o médium manteve agradável lembrança do bondoso jesuíta.

Com a volta dos Espíritos, voltaram também os amigos e Home foi apanhado novamente pela roda-viva dos compromissos e dos convites para as reuniões elegantes. Já na sexta-feira, 13, "estreou" perante Napoleão III, de maneira dramática.

Quando se abriram para ele as portas do Salão Apolo, nas Tulherias, Home deu com uma multidão de nobres, tão grande que o ambiente sufocava. Chegou a recuar. A Imperatriz Eugênia tinha convidado toda a sua entourage. Recuperado do impacto, Home explicou, com muitas desculpas e habilidade, que sessão mediúnica não era exibição teatral; que era melhor limitar o número de pessoas presentes a oito ou nove apenas e que mesmo assim ele não poderia garantir nada de positivo, dado que tudo dependia dos Espíritos. Deve ter sido uma senhora cena. A Imperatriz, muito ofendida, e sem dizer palavra, retirou-se e Home também preparou-se para sair, extremamente confuso, quando o Imperador, subitamente, ordenou que desocupassem o salão. Formou-se um pequeno círculo de privilegiados e a sessão desenrolou-se maravilhosamente, com fenômenos abundantes e inequívocos. Napoleão, "com seus olhos de peixe" – diz Jean Burton –, observava pensativo. Ele passava por ser um razoável mágico amador e certamente apreciava com olho crítico a performance do seu "colega". A questão é que os raps – ou seja, as batidas – respondiam às perguntas que ele fazia mentalmente. Tão entusiasmado ficou que achou por bem interromper os trabalhos, declarando que a Imperatriz tinha de ver aquilo. Mandou chamá-la e em pouco entrou a grande dama, com toda a imponência do seu porte e de sua posição. Não é preciso acrescentar que Home conquistou toda a corte francesa – exceto um ou outro, como, por exemplo, o Conde Walewski, filho de Napoleão I e de Maria Walewska, a bela polonesa. O Conde tudo faria para desmoralizar Home e fazê-lo cair em desgraça à corte, o que, aliás, não conseguiu.[79]

O médium passou a ter acesso praticamente livre ao palácio, chegando até mesmo a viver ali algum tempo, enquanto assim o desejou. Ganhou presentes riquíssimos e pouco depois foi aos Estados Unidos buscar sua irmã Christine, que, como protegida da Imperatriz, matriculou-se no próprio colégio em que Eugênia havia estudado vinte anos antes.

Jean Burton chama a atenção para a notável posição dessa moça, colocada em um colégio católico grã-fino, sob o bafejo do trono, de um lado, e ligada, de outro, a um irmão que as doces freiras consideravam um tremendo "feiticeiro". Ao cabo de alguns anos, Christine voltou para os Estados Unidos, onde se casou. Home tem parentes nos Estados Unidos até hoje. **[O livro de Hermínio é de 1977] (N.O.)**

É uma pena que não seja possível, nas escassas dimensões de um artigo, reproduzir tantos pormenores interessantes dessa vida fascinante. Temos que nos limitar aos episódios mais importantes.

Em 1858, Home foi à Holanda, onde realizou sessões para a Rainha Sofia, em Haia. Ganhou um belo anel de uso pessoal da soberana. Em Bruxelas, apanhou um severo resfriado

---

[79] Na terceira sessão realizada nas Tulherias, materializou-se a mão de um homem que, tomando do lápis, assinou "Napoléon". O Imperador reconheceu a assinatura de seu famoso tio e a Imperatriz pediu permissão para beijar a mão, que se elevou para receber o beijo de Eugênia. (Nota de Hermínio Miranda)

e novamente suas faculdades falharam. De volta a Paris, o médico aconselhou uma permanência na Itália. Home partiu para Roma, onde se tornou amigo de um jovem nobre cossaco, o Conde Kucheleff-Besbordka.

Da amizade pelo Conde surgiu o amor por Alexandrina, sua cunhada, pouco mais que uma menina, pois contava apenas 17 anos. Sacha – como era conhecida na intimidade – era bela, viva, encantadora. Filha do General e Conde de Kroll e nada menos que afilhada do próprio Tzar. Home, convidado para jantar, sentou-se à direita da dona da casa e, ao ser apresentado à encantadora Sacha, teve a estranha impressão de que ela seria sua esposa. A menina disse-lhe, rindo, que ele se casaria dentro de um ano, porque, segundo uma superstição folclórica russa, era infalível o casamento quando um homem se sentava entre duas irmãs que acabasse de conhecer. As impressões de ambos se realizaram.

Depois de sessões verdadeiramente notáveis para o Tzar e sua corte – a convite do Imperador, naturalmente –, Home partiu para a Escócia, onde foi apanhar documentos pessoais, e a 1º de agosto de 1858 casou-se com Sacha. No peito de muitos convidados luziam condecorações imponentes. O Tzar foi representado por dois figurões do Império, o Conde Bobrinski e o Conde Alexis Tolstoi, irmão do genial romancista (Léon). Elizabeth Browning, maliciosa, brincava com a irmã, por carta: 'Imagine só o mobiliário conjugal flutuando pelo quarto, à noite, Henrietta!'

Sacha foi boa e dedicada esposa e deu a Home um filho, Gregoire, apelidado Gricha. Home transmitiu a ela a tuberculose, da qual morreria, lúcida e conformada, em 03 de julho de 1862, após uma doce convivência de menos de 4 anos, seguida de uma disputa judicial demorada por causa da herança da jovem esposa. Gricha nasceu a 08 de maio de

1859 e, com a morte da mãe e as andanças do pai, acabou gravitando para o ramo russo da família. Os Home dos Estados Unidos souberam mais tarde que ele havia entrado para o exército russo.

Mas nem tudo eram flores no caminho de Home. Havia detratores gratuitos e inimigos impiedosos, como Robert Browning. Charles Dickens, o grande novelista inglês foi um deles. Não fazia segredo algum da sua opinião, tachando Home de "impostor". Achava, porém, que a coisa não tinha jeito, porque mesmo que se provasse a falsidade de Home 'em cada célula microscópica de sua pele e em cada glóbulo do seu sangue, ainda assim os seus discípulos acreditariam nele e o adorariam'.

Foi o que escreveu em carta de 16 de setembro de 1860 à Senhora Linton. Diria e escreveria outros horrores do médium. Pobre Dickens! Depois de desencarnado, voltou em Espírito, para terminar, através de um médium humilde, o seu notável romance **O Mistério de Edwin Drood**, que deixara pela metade...[80]

Pelo final de dezembro de 1863 achava-se Home novamente em Roma. A pressão do Vaticano começou a tornar-se insuportável. Home pretendia ficar na cidade eterna para estudar escultura. Um livro de William Howitt, sua monumental **History of the Supernatural,** havia, de certa forma, contribuído, involuntariamente, para açular a hostilidade de católicos e protestantes contra os médiuns em geral e contra Home em particular, o médium mais eminente e celebrado do seu tempo. 'As luzes espirituais '– dizia Howitt – 'o tremor das casas, a transposição de portas fechadas, ventanias poderosas, levitações, escrita automática, comunicações em línguas estrangeiras, tudo isso ocorre todos

---

[80] Há tradução do romance de Dickens, *O Mistério de Edwin Drood*, por Hermínio Miranda, da Editora Lachâtre. (N.O.)

os dias, tanto em Londres como nos Atos dos Apóstolos'.

Seguia-se um trecho em que, se não era feita a apologia de Home, pelo menos se buscava entender a sua missão e natureza do seu trabalho. Com a segurança de um espírito lúcido e dono de profunda intuição, achava Howitt que as manifestações físicas, "desprezadas e ridicularizadas", deveriam preceder acontecimentos mais importantes. Ao demonstrar suas faculdades perante o testemunho de imperadores, reis e rainhas, Home estava desempenhando sua tarefa de precursor, lançando alicerces.

Admirável inteligência dos fatos a de Howitt, mas que ajudou a agravar em hostilidade aberta o que antes era simples desconfiança da Igreja pelo médium. O famoso Cardeal Manning disse coisas incríveis, declarando que através de trabalhos espíritas o demônio se materializava, ora como mulher, ora como homem, e desses encontros resultavam criaturas híbridas de natureza diabólica, mas de forma humana! Segundo narrativa de W. H. Mallock, autor de **The New Republic**, o Cardeal usou linguagem de tal modo grosseira (unvarnished) que os detalhes não poderiam ser reproduzidos.

Assim, a 02 de janeiro de 1864, Home recebeu intimação para comparecer à polícia. Dia 03, pela manhã, lá foi ele, em companhia de um amigo, chamado Gauthier, cônsul da Grécia. Preservou-se o diálogo do médium com a polícia, um documento do próprio punho de Home, que vale a pena reproduzir, conservando o seu estilo telegráfico:

**'Janeiro 2, recebida carta solicitando minha presença na polícia, no dia 3, entre as 10 e uma hora. Em 3 de janeiro fui e me levaram à sala do advogado Pasqualoni. Eu estava acompanhado de meu amigo Senhor Gauthier, cônsul da Grécia em Roma. As perguntas foram as**

seguintes: Nome do meu pai e de minha mãe? Publicou algum livro? Sim. Sua profissão? Estudante de arte. Sua residência? Via del Tritoni, 65. Quando você chegou? Há seis semanas. Quantas vezes você esteve em Roma? Duas. Quanto tempo ficou de cada vez? Dois meses da primeira vez e três meses da última vez. Quanto tempo pretende ficar desta vez? Até abril. Você tem residência permanente na França? Não. Quantos livros escreveu? Um. Quantos exemplares vendeu? Como não sou o próprio editor, seria impossível dizê-lo. Depois que você se tornou católico exerceu seus poderes mediúnicos? Nem antes, nem depois eu exerci meus poderes mediúnicos, de vez que não é poder que dependa da minha vontade. Não poderia usá-lo. Como é que você faz isso? Acho que a resposta que acabo de dar é suficiente para esclarecer. Você considera seu poder um dom da natureza? Não; considero um dom de Deus! Que é um transe? Um estudo de fisiologia explicaria melhor do que eu. Você vê Espíritos quando dormindo ou acordado? De ambas as maneiras. Por que os Espíritos procuram você? Para me consolarem e para convencer aqueles que não acreditam na sobrevivência da alma! Que religião eles pregam? Isso depende. Que é que você faz para eles se manifestarem? Eu estava para responder que eu nada fazia quando na mesa em que ele escrevia soaram batidas claras e distintas. Ele então disse: Mas a mesa não se mexe. Exatamente enquanto ele dizia isso, a mesa moveu-se. Qual é a idade de seu filho? Quatro anos e meio. Onde está ele? Em Malvern. Com quem? Dr. Gully. Dr. Gully é católico? Não. Quando você viu seu filho pela última vez? Em abril. Então, ele disse, sem nenhuma justificativa, que eu deveria deixar Roma dentro de três dias. Está de acordo? Não, decididamente

**não, ainda mais porque nada fiz para infringir as leis deste ou de qualquer outro país. Falarei com o cônsul inglês e seguirei seu conselho'.**(Grifos do original)

Há um pormenor que Home omitiu no seu documento autógrafo. Quando as manifestações começaram na polícia, o excelente Dr. Pasqualoni, enormemente surpreendido, perguntou a razão dos ruídos. O Cônsul Gauthier informou tranqüilamente que eram os Espíritos.

'– Espíritos! – exclamou Pasqualoni, olhando assustado em volta da mesa. E em seguida: 'Vamos continuar nosso interrogatório'.

Não adiantou a interferência – de má-vontade – do cônsul inglês. Havia "ordens superiores" para despachar o médium para fora de Roma, e assim foi feito. Segundo a biógrafa, as autoridades do Vaticano eram de opinião que o demônio estava metido naquilo e seria totalmente impossível tolerar aquele bando de Espíritos nos domínios da soberania papal. Ademais, não era de admirar-se a expulsão, depois da audaciosa demonstração de seus amigos espirituais nas babas da polícia! E assim Home foi expulso de Roma, seguindo para Nápoles, depois de uma despedida comovente na estação, onde compareceram muitos dos seus amigos nobres, inclusive Sua Alteza Real, o Conde de Trani.

Outro problema bem mais sério teria Home com a lei. Foi o famosíssimo caso com a Srª. Lyon. Vamos resumi-lo.

Jane Lyon era viúva de 75 anos de idade, sem filhos. Encantou-se com o jovem Home e resolveu adotá-lo como filho, exigindo mesmo que o médium aceitasse até o seu nome. Por algum tempo – muito breve – ele assinou Daniel Dunglas Home-Lyon. A velhinha, a despeito da sua aparência extremamente modesta, era bastante rica e, em sucessivos e repentinos impulsos, entregou a Home cerca de sessenta mil libras esterlinas, uma fortuna considerável para a época. Além de rica, Jane Lyon parecia pouco segura de suas faculdades mentais e estava agindo daquela maneira para chamar a atenção sobre si mesma, para atiçar o despeito dos parentes de seu marido e provar que era dona do seu próprio dinheiro, podendo fazer dele o que quisesse.

Dizia que o Espírito de seu marido havia mandado entregar a importância a Home. O certo é que dentro de pouco tempo ela se arrependeu de tudo e, desejando recuperar o seu dinheiro, levou a questão à Justiça. O escândalo foi enorme e danoso para a reputação de Home. Muitos amigos deram-lhe apoio maciço; outros se omitiram. Seus detratores exultaram. Browning escreveu uma carta extremamente cruel a Isa Blagden, para narrar a infelicidade do aturdido médium, alegando mesmo que Home pretendia casar-se com a Srª. Lyon, o que parece fantástico. Por fim, Home foi condenado. O juiz achou que não ficara provado que Home se utilizara de "influências indevidas", mas que também não ficara provado o contrário e que o ônus da prova de sua inocência caberia a ele próprio. Por conseguinte, disse o juiz, 'decido contra ele; porque, como acho que o Espiritismo é uma burla, sinto-me no dever de considerar a queixosa como vítima de uma burla e não há evidência que me convença do contrário'.

Home devolveu o dinheiro e o nome à Senhora Lyon, mas saiu endividado e arrasado do episódio doloroso. Muitos foram os amigos que lhe manifestaram sua simpatia, entre eles católicos eminentes e até sacerdotes, como Monsenhor Talbot, que fora seu instrutor na tentativa de levá-lo para o seio da Igreja.

Ainda estava pendente a questão judicial com a família de Sacha, mas essa ele ganhou e entrou na posse de considerá-

*Daniel Dunglas Home: O Médium Voador*

veis recursos. Em 16 de outubro de 1871, Home casou-se novamente com uma jovem russa, Julie, filha de Michel de Glumeline, Conselheiro de Estado do Imperador da Rússia, prima do eminente Alexandre Aksakof, também Conselheiro de Estado, brilhante pesquisador de fenômenos psíquicos, autor de livros respeitáveis como **Animismo e Espiritismo.** Julie também foi esposa compreensiva, suave e dedicada. Sobreviveu a Home e escreveu uma excelente biografia do marido. Deu-lhe uma filha que morreu em alguns dias. A extrema beleza da criança é inacreditável, escreveu Home, ao ver a recém-nascida. Julie tratou Gricha com "angélica paciência", pois o menino, altamente nervoso, constituía problema.

Por alguns anos, Home e Julie viajaram pela Europa visitando amigos, enquanto ele consentia, aqui e ali, em realizar uma sessão. Suas forças, no entanto, o abandonavam, enquanto a doença ia minando seu organismo delicado. Aos 38 anos de idade, praticamente retirou-se da vida ativa. Escreveu suas memórias – **Incidents of My Life (Incidentes da Minha Vida),** em dois volumes, e **Lights and Shadows of Spiritualism (Luzes e Sombras do Espiritismo).**

Em tempos passados, despertara o interesse do jovem físico e químico William Crookes, do qual se tornou grande e íntimo amigo, pois era de apenas um ano a diferença de idade entre eles. Crookes declarou-se corajosamente convencido da legitimidade dos fenômenos produzidos por Home, enfrentando a tremenda e irracional hostilidade de seus colegas cientistas. Manteve-se até o fim da vida nessa convicção e proclamou-a publicamente, no apogeu de sua carreira, sob a responsabilidade de seu nome famoso e agraciado com o título de Sir.

Quanto a Home, viveu seus últimos dois anos na França.

Gostava de jóias e as usava com prazer, mesmo porque cada uma delas recordava um amigo famoso: Napoleão III, Sofia, da Holanda, o Tzar Russo, Gulherme I, da Alemanha, e condes e príncipes e duques...

Na primavera de 1886, Julie levou o marido de Auteuil, onde estavam por algum tempo, até Paris, para consultar os médicos da capital. O prognóstico foi sombrio. Ambos os pulmões estavam muito afetados. A viagem de volta a Auteuil foi feita em etapas suaves.

Home morreu a 21 de junho, aos 53 anos de idade, assistido por um sacerdote da Igreja Ortodoxa Grega e foi enterrado no cemitério russo de Saint-Germain-en-Laye, junto aos restos físicos da sua linda filhinha. Julie Home regressou à Rússia, quatro anos depois, e levou consigo Gricha, filho da primeira esposa do seu marido.

Daniel Dunglas Home, que a Enciclopédia Britânica considerou um enigma não solucionado, jamais foi apanhado fraudando. Desempenhou sua missão com dignidade e autenticidade, em um ambiente fútil e que facilmente poderia fascinar e corromper um jovem de modestas origens sociais. Creio poder afirmar que seus Amigos Espirituais ficaram satisfeitos com os seus trabalhos. Sua mediunidade tinha mesmo de ser de forma espetacular, de efeitos físicos, para que pudesse sacudir a incredulidade de uns, a má-vontade de muitos, a hostilidade de tantos. Viram-na todos aqueles que tiveram olhos para ver. Sem dúvida, Howitt estava certo: Home ajudou a lançar os alicerces do edifício que só agora começamos a vislumbrar em todo o seu esplendor e em toda a grandeza do seu futuro. Espírito profundamente afetuoso e sereno, merece as vibrações mais puras do nosso afeto. [81]

**HERMÍNIO CORREA DE MIRANDA** nasceu na

---

[81] Hermínio C. MIRANDA, *Sobrevivência e comunicabilidade dos espíritos,* p.233 a 249.

cidade de Volta Redonda, Rio de Janeiro, em 05 de janeiro de 1920. Formou-se em Ciências Contábeis. É autor de várias obras espíritas de sucesso, a exemplo de **Nossos Filhos são Espíritos, Diálogo com as Sombras, As Marcas do Cristo, Cristianismo, a Mensagem Esquecida, As Duas Faces da Vida, a Noviça e o Faraó**, dentre outras.

## Segundo Comentário
### "Luzes e sombras do espiritualismo"

A prática do Espiritismo, ou seja, a participação em trabalhos mediúnicos, não desobriga o espírita do estudo da doutrina; pelo contrário, é aí, mais do que nunca, que se faz necessário o exame contínuo e repetido das questões doutrinárias que explicam e interpretam a fenomenologia, que nos orientam no meio da extraordinária multiplicidade de caminhos que vemos diante de nós. Nunca serão suficientemente repetidos esses conceitos. É bom que, de tempos em tempos, a gente repasse os fundamentos em que se apoia a nossa experiência. Quantos médiuns de excelentes perspectivas não se deixam extraviar porque julgaram dispensáveis os estudos doutrinários. Muitos, por acharem que os próprios Espíritos ensinam a doutrina; outros por se julgarem já bastante instruídos na matéria, sem necessidade de "perder tempo" com leituras cansativas. Há, também, aqueles que desejam desenvolver uma prática mediúnica toda pessoal, inteiramente livres dos cuidados recomendados pela boa doutrina. Há os que não se interessam mesmo pelo estudo, como ainda os que somente desejam do Espiritismo a manifestação prática, o fenômeno. Quase todos se dizem espíritas, mesmo desconhecendo as obras básicas da Codificação. E é por isso que se perdem pelos desvios, levados com sutileza, pela habilidade de Espíritos desencarnados, que se dizem portadores de revelações pessoais, mensageiros diletos do Cristo ou o próprio Cristo!

Tais coisas não precisavam mais acontecer. Há um século a Codificação de Allan Kardec está aí para esclarecer, orientar e apontar os cuidados que o exercício da mediunidade deve merecer da parte de todos aqueles que se interessam pela fenomenologia. Mesmo antes de Kardec, já encontrávamos nos escritos do apóstolo Paulo – especialmente na sua Primeira Epístola aos Coríntios – advertências, conselhos e sugestões para o seguro desempenho das faculdades mediúnicas. Como qualquer fenômeno natural, a mediunidade é regida por leis próprias, que precisam ser estudadas e respeitadas. Sua prática nos coloca em relação direta com Espíritos desencarnados que nos trazem uma verdadeira multidão de problemas, de dificuldades, de dúvidas, tanto quanto de ensinamentos preciosos, ao oferecerem a nós, encarnados, a oportunidade de aprender as leis de Deus no próprio desempenho das nossas tarefas de fraternidade. Para esse trato com irmãos desencarnados, muitos dos quais em penosíssimas situações espirituais criadas por falhas clamorosas de procedimento, precisamos estar preparados, não apenas com o coração aberto, iluminado pelo verdadeiro sentimento de amor cristão, como também munidos de conhecimento das leis mais elementares que regulam as manifestações. É indispensável uma sólida noção geral da Doutrina Espírita, da lei da reencarnação, da lei de causa e efeito, das condições do Espírito desencarnado no outro lado da vida, dos aspectos morais contidos e implícitos em tudo isso.

E se ainda agora, repetimos, tantos e tantos médiuns se

perdem, tendo diante de si, ao alcance da mão, um roteiro seguro, imagine-se o que não foi no passado o exercício da mediunidade... Quanta aberração, quanta obsessão desencadeada, quanta gente fascinada por idéias fantasiosas que chegaram até a servir de apoio às mais absurdas seitas místicas.

Tive há pouco a feliz oportunidade de encontrar um livro bastante raro hoje, que nos leva àquele período em que a Codificação lutava bravamente contra uma enorme hostilidade do ambiente para divulgar o Espiritismo ordenadamente, racionalmente, cuidadosamente, alertando quanto às práticas perniciosas, advertindo quanto ao exame atencioso dos fenômenos e das idéias suscitadas nas sessões. Essa época de tumultuada fascinação diante do fenômeno foi a segunda metade do século XIX.

Como se sabe, foi quase que exatamente no meio do século, isto é, em 1848, que a Espiritualidade deslanchou, como se diria hoje, o plano, na tentativa última de chamar o homem à realidade de sua condição espiritual. A celeuma foi enorme entre detratores apaixonados e negadores irredutíveis de um lado, e, os primeiros convertidos, do outro lado. De certa forma, a controvérsia continua, porque haverá sempre aqueles que se empenham em não tomar conhecimento do progresso irreversível da Humanidade, mas a coisa está hoje bastante mudada, porque as questões religiosas não suscitam mais as paixões antigas que, por exemplo, levantaram toda a Alemanha no século XVI, por ocasião da Reforma. Naquele tempo, desde o humilde artífice até o Príncipe Eleitor, eram todos teólogos amadores, a discutirem acirradamente dogmas e pontos de vista religiosos. Hoje, as doutrinas religiosas que se opõem à concepção formulada pelos Espíritos junto a Kardec estão muito esvaziadas do seu próprio conteúdo e de sua autoridade. Por outro lado, uma parcela significativa da Humanidade encarnada, talvez a maioria, no momento, desinteressou-se das questões espirituais, voltando-se, mais para as condições suscitadas pela vivência do ser encarnado, para os aspectos meramente materiais, imediatistas, oportunistas, numa sede insaciável de prazeres, que coloca todos os demais valores da vida em plano secundário. Em muitos círculos sociais, se hoje declararmos nossa condição de espíritas, a reação será normal, como se disséssemos que somos fluminenses, ou nordestinos, ou gaúchos. Na Idade Média, qualquer posição contrária à religião oficial acarretava punições tremendas. Com o passar do tempo, o "ódio teológico" abrandou-se, mas ainda no século XIX predominava um resíduo considerável de preconceito religioso.

Por isso, ao surgir a Doutrina Espírita, passado o primeiro momento de curiosidade e até de algum espanto, quando as diversas correntes do pensamento humano começaram a tomar posição, vimos um verdadeiro desatar de paixões contra ela e contra o seu codificador. E, coisa curiosa, não eram só os materialistas e descrentes, nem somente os religiosos das diversas seitas que se esforçaram por combater a jovem doutrina – foram também aqueles que tinham conhecimento do fenômeno mediúnico e sabiam por experiência própria que os fatos eram autênticos. Vemos essa posição no Barão de Guldenstubbé, no seu hoje raríssimo livro **Realité des Esprits** e vemos igual posição nos escritos e pronunciamentos até de médiuns que, como ninguém mais, deveriam estar preparados para corroborar a doutrina revelada a Kardec com os exemplos abundantes suscitados pela prática mediúnica. Está neste caso o médium Daniel Dunglas Home.

Há muitos andávamos à procura de seus livros. Localizamos um deles na preciosa biblioteca da Federação Espírita Brasileira. O original inglês chama-se **Lights and Shadows of Spiritualism (Luzes e Sombras do Espiritualismo).** O exemplar da FEB é a tradução de Henry La Luberne para o francês, sob o título **Les Lumiéres e Les Ombres du Spiritualisme,** datada de 1883. Baseia-se no original inglês escrito em 1876. Ao ser publicado o livro de Home, fazia 19 anos que saíra **O Livro dos Espíritos** e apenas 7 anos que desencarnara Kardec. A obra tem, pois, o valor de um depoimento pessoal, retrato de uma época difícil para o Espiritismo em que, a despeito da sua rápida expansão no seio da classe média, a doutrina enfrentava terrível campanha de oponentes de muitas cores, tendências e propósitos. Uniam-se nessas lutas contra o Espiritismo, correntes religiosas e agnósticas, materialistas e crentes, e até médiuns!

A prática mediúnica desordenada e descontrolada se desenvolvera fantasticamente, porque sob o impacto da novidade e diante do insólito dos fenômenos suscitados, toda a gente queria ver Espíritos, conversar com Espíritos, receber mensagens, dar notícias, pedir informações, buscar conselhos, solicitar curas de seus males e resolver problemas humanos, sem nenhum conhecimento doutrinário orientador. Funcionou aí, também, a velha lei econômica da oferta e procura. O assédio aos médiuns foi tão intenso que a mediunidade tornou-se rendosa. Ainda que o médium não procurasse ficar rico, pelo menos gostava da projeção e da fama que alcançava facilmente. Se as faculdades lhe eram retiradas, aprendia a forjar os fenômenos, a fingir comunicações, enfim, a enganar o próximo, pois a clientela, pagante ou não, ali estava para ser atendida. Quando começaram a se popularizar os fenômenos de materialização, por exemplo, foi um deus-nos-acuda: os médiuns de efeitos físicos eram solicitadíssimos, principalmente pelas altas rodas sociais da nobreza. Todas as portas se abriam e os acolhiam principescamente. Os grandes médiuns se hospedavam em palácios e levavam uma vida mansa e farta, adulados, cercados pela admiração de gente importante: imperadores, reis, príncipes, poderosos de toda a sorte e damas da nobreza e da riqueza.

Com o conhecimento que hoje temos da doutrina e com a experiência que se acumulou ao longo de todos esses anos, é fácil imaginar as enormes tolices que foram cometidas em nome do Espiritismo, mascaradas de Espiritismo ou supostamente acobertadas pelo Espiritismo.

O livro de Home é, pois, um testemunho valioso dessa época. Ele próprio, a despeito de suas notáveis faculdades – sua mediunidade era multiforme –, não compreendeu Kardec, nem aceitou a sua doutrina, que combateu energicamente. Foi, no entanto, um médium honesto no exercício de suas faculdades, prestou-se docilmente à experimentação científica, trabalhava às claras, sem mistificação, e jamais foi apanhado em fraude. Quando os Espíritos lhe anunciaram certa vez que sua mediunidade seria suspensa por um ano – e foi –, retirou-se discretamente, recusando-se a qualquer prática fraudulenta para manter-se em evidência. O próprio imperador da Rússia, que desejava conhecê-lo, foi fielmente informado pelo médium de que suas faculdades haviam sido retiradas. O imperador, muito diplomaticamente, mandou dizer-lhe que desejava conhecer o homem e não apenas o médium, no que foi gentilmente e com alegria atendido por um Home extremamente lisonjeado.

O livro de Home apresenta um esboço histórico das antigas crenças da Humanidade, desde o tempo dos caldeus, babilônicos e egípcios até gregos e romanos, passando pela Índia e pela China e estudando, em algumas páginas breves, as crenças dos judeus e depois o Cristianismo. Entra, a seguir, na apreciação do espiritualismo moderno, em cujo terreno se sente mais à vontade. Home é um autor inteligente e dono de razoável cultura. Sem ser um escritor no verdadeiro e amplo sentido da palavra, expõe suas ideias com facilidade e, às vezes, com certa veemência. As farpas do estilo ele as reserva para Kardec e sua doutrina, principalmente para a reencarnação, que combate tenazmente, com argumentos insustentáveis e até infantis. (Veremos isso). Sente-se na obrigação de escrever o livro, como um testemunho pessoal, cuja autoridade se apoia na sua experiência de longos anos de prática mediúnica: mais de 10. É, pois, uma obra destinada a colocar as coisas no seu devido lugar, tal como ele, Home, entendia que deveria ficar.

A idéia de escrever esse livro não foi bem recebida por vários de seus amigos, enquanto outros a apoiaram, invocando a autoridade de que ele se achava investido para opinar sobre a matéria. Seu famoso amigo William Crookes foi de uma franqueza algo rude ao dizer-lhe, sem rebuços: 'Duvido que um livro como o seu possa prestar grandes serviços. Os médiuns, você sabe, são muito ciumentos uns dos outros. Ora, uma acusação por mais bem provada que seja, do momento em que seja levantada por um médium contra outro médium torna-se, por esta simples razão, duvidosa; é posta, logo de início, na conta do ciúme e perde seu valor'. E por aí vai. Home, no entanto, deixou-se convencer pelos que apoiavam seu projeto e meteu mãos à obra.

Depois da exposição histórica e de uma breve apreciação do espiritualismo moderno, o autor, já no capítulo VI, intitulado "Ilusões", entra na apreciação da balbúrdia em que se encontrava o exercício da mediunidade no seu tempo e dos médiuns que se perdiam em fantasias e induziam tantas pessoas à prática de loucuras e infantilidades. Dois desses "profetas", ambos ex-reverendos protestantes, cometeram os maiores desacertos. Chamava-se um J. D. Scott e outro T. L. Harris. Mantinham em Auburn, (Nova York), um círculo mediúnico a que deram o nome de **The Apostolic (O Apostólico),** onde pontificava como médium uma senhora Benedict. Os Espíritos manifestantes se diziam todos pertencentes aos primeiros anos da era cristã, tendo vivido na Judéia. Dentro em pouco havia um boletim para divulgar as idéias dos Espíritos que, declarando-se seres sobrenaturais, portadores de uma revelação superior, conseguiram criar uma seita fanática, cuja sede fizeram deslocar-se para Moutain Cove, na Virgínia, onde uma comunidade foi fundada para dar início à idade de ouro da fraternidade. Dentro de algum tempo, Scott, cuja ambição fora crescendo incessantemente, declarava ter visto o próprio Deus face a face. Tornara-se seu médium absoluto, dizia. A entrada obrigatória para o céu era o templo sagrado de Moutain Cove e em torno dessa comunidade muitos e poderosos interesses começaram a se agrupar. 'Ao cabo de alguns anos', diz Home, a 'Nova Jerusalém' – pois assim designavam a comunidade – virou Pandemônio' e a fortuna entregue aos profetas pelos crentes ingênuos desapareceu para sempre.

Em Genebra, em 1856, apareceu uma obra intitulada **Roma, Genebra e a Igreja do Cristo,** ditada – dizia a primeira página – por meio da mesa, pelo próprio "Filho de Deus, o Salvador do mundo".

Uma pobre senhora conta a Home como se deixou envolver, e ao marido, numa lamentável aventura mediúnica, na qual o casal perdeu uma fortuna considerável que foi entregando, por vários meios e processos, ao médium, seus familiares e amigos. O marido, professor de Matemática, morreu ao cabo de alguns anos, deixando a viúva numa terrível miséria sob a indiferença total dos antigos beneficiados de sua fortuna.

'Os únicos Espíritos que produzem esse tipo de monomania religiosa são os vaidosos e orgulhosos', diz Home e continua: 'O mesmo se pode dizer das fantasias de Allan Kardec, cujos adeptos são recrutados, sobretudo nas classes burguesas da sociedade. É um consolo para essas pessoas que nada são acreditarem que foram grandes personagens antes do nascimento e que serão ainda importantes depois da morte'. Home oferece aqui uma pequena amostra da sua posição diante de Kardec e principalmente ante a reencarnação, mas é no capítulo seguinte, 'A doutrina de Allan Kardec', que ele desenvolve mais longamente suas críticas ao Espiritismo. Vejamos.

'Classifico a doutrina de Allan Kardec, diz ele logo de início, entre as ilusões deste mundo e tenho boas razões para isso, como se verá. Conheci o iniciador, ou antes, o renovador dessa fase moderna do velho paganismo'... Prossegue dizendo que não põe em dúvida a sua boa-fé (ainda bem), mas que ele pretendeu iluminar o mundo com a velha doutrina pitagórica das vidas sucessivas. Para isso, segundo Home, Kardec magnetizava os médiuns e fazia-os dizerem aquilo que ele, Kardec, queria que eles dissessem. Muito simples. Estranha o médium-autor que Jâmblico tenha aprendido tão bem a escrever em francês nas suas comunicações a Kardec e que Pitágoras tenha esquecido o grego. Julga-se com direito a fazer essas críticas ao dizer: 'Sou conhecido por ser o que se convencionou chamar um clarividente; tenho, assim, o direito de falar com conhecimento de causa quanto a essa fase particular da Psicologia'. E volta a insistir na sua tese:

Kardec não era médium, e sim um mero magnetizador. 'Sob o império de sua vontade enérgica, seus médiuns não passavam de máquinas de escrever, que reproduziam servilmente seus próprios pensamentos'. E junta um testemunho pessoal, da seguinte maneira: 'Atesto a veracidade do seguinte fato. Antes mesmo que eu tivesse conhecimento da morte de Allan Kardec, recebi dele, na presença do Conde de Dunraven, hoje Visconde Adare, uma mensagem nos seguintes termos: Lamento haver ensinado a Doutrina Espírita. Allan Kardec'. Como as nossas paixões são artificiosas e como descobrimos mil modos e meios para satisfazê-las... O próprio Home, em exemplos pelo seu livro a fora, recomenda que se acautele o médium com o exame cuidadoso do que dizem os Espíritos e tome suas precauções contra as falsas identidades e fantasias. Quando chega, porém, o momento de manifestar um ponto de vista que lhe é próprio, qualquer mensagem é considerada autêntica. Essa mensagem, no entanto, nem o Sr. Jean Vartier,[82] um século depois, conseguiu aceitar como autêntica. Não era mesmo para desconfiar que logo em seguida à sua desencarnação, a primeira coisa que o Espírito Kardec se lembra de fazer é vir atestar junto a Home o seu arrependimento por ter pregado o Espiritismo?

Mas isso ainda não é tudo. Home reproduz uma mensagem que teria sido recebida por Morin que, segundo ele, Kardec considerava 'um dos seus melhores médiuns'. Nessa mensagem, Kardec, também arrependido, teria feito sua "confissão póstuma", repudiando os ensinamentos que difundira "em vida" e se acusando de "orgulho insensato" por ter desejado passar por um semideus salvador da Humanidade, quando tudo isso não foi além de um egoísmo

---

[82] Vide o artigo "Allan Kardec e o Mistério de uma Fidelidade Secular", publicado em *Reformador*, de abril de 1973, pág. 101. (Nota de Hermínio Miranda)

*Adilton Pugliese*

ridículo que somente conseguiu impressionar as classes mais humildes da população.

A evidente falsidade da mensagem e sua total discordância com o verdadeiro espírito de Kardec, não impressionam ao médium Home, que não põe em dúvida sua autenticidade.

Passa em seguida à crítica de alguns pontos da doutrina, concentrando-se sempre na espinhosa – para ele – questão da reencarnação. Não se conforma com a resposta dos Espíritos de que a doutrina reencarnacionista é fundada na justiça e oferece condições para expiação das nossas faltas passadas. Evidentemente Daniel D. Home não se aprofundou no estudo da Codificação, pois suas críticas, nesse particular, revelam irreparáveis lacunas. Para Home, Kardec pregou que a conquista do céu se dava através do "baralhamento total da identidade das criaturas" através das encarnações sucessivas e que a ordem que reina em toda parte na natureza não encontra a sua contrapartida no mundo dos Espíritos. Onde está isso em Kardec, meu Deus? Acha ele também que os Espíritos são dominados pelo constante temor de se esquecerem de suas experiências terrestres 'porque se eles perdem a lembrança de um único incidente, são reenviados cá para baixo para adquirirem um pouco mais de memória' e, por isso, submetem-se a inúmeras encarnações...

Em seguida, manifesta sua estranheza e repulsa ante as situações que a reencarnação pode criar no que manifesta, mais uma vez, completo desconhecimento do problema. A seu ver, são incalculáveis as perplexidades contidas nessa "doutrina monstruosa". A avó pode vir a ser a sua própria neta. (E daí?) O Nero do primeiro século pode metamorfosear-se (palavra sua) na mística Madame Guyon do último século, o que é um tanto duvidoso, mas não impossível. 'A alma de um criminoso pode transformar-se na de um São

*Daniel Dunglas Home: O Médium Voador*

Vicente de Paulo'. E isto não é maravilhoso? Um Espírito pejado de crimes saber que com arrependimento sincero e muito trabalho regenerador pode chegar a tornar-se um verdadeiro santo, no sentido lato da palavra? Que há nisso de monstruoso ou errado?

Outros aspectos da questão parecem perturbar sobremodo o famoso médium. Partindo do ensinamento doutrinário segundo o qual o Espírito pode renascer ora como homem, ora como mulher, Home imagina "corolários revoltantes", que mal se arrisca a indicar, de tanto pavor que lhe inspiram. Um exemplo: duas pessoas se unem pelo matrimônio. Têm filhos, depois morrem e renascem com posições trocadas. 'Se se casassem novamente, como explicar o enigma de sua paternidade e da paternidade de seus filhos?' Não entendi. Não há enigma algum. Os componentes de um casal que renasce na mesma família guardam novas relações de parentesco, qualquer que seja o sexo escolhido para a encarnação. O relacionamento anterior é meramente histórico. Sou hoje o pai do meu filho, tanto quanto poderei ser amanhã seu neto, seu genro, ou seu sobrinho. Qual é o problema? Para Home, o problema está em que a doutrina da reencarnação "destrói toda a consangüinidade". É que os Espíritos não se ligam pelo sangue, pela matéria; unem-se pelas afinidades espirituais ou se repelem pela ausência delas. Os laços de sangue, a hereditariedade biológica, física, representam vínculos ocasionais. Às vezes confirmam antiquíssimas relações de amizade ou de amor, mas nem sempre o Espírito renasce dentro dos seus grupos habituais; somos às vezes "desterrados" para grupos estranhos, onde os vínculos de sangue realmente nada representam senão uma situação transitória que temos de suportar com tranqüilidade, paciência e amor, a fim de que possamos aprender a lição da fraternidade. É até provável que no novo grupo, com o qual não temos grandes afinidades, venhamos a fazer grandes e inseparáveis amigos novos.

Diversamente do que pensava Home, a doutrina da reencarnação não nos prende, como condenados, a uma cadeia eterna de vidas sem remissão. Ao contrário, se não estivéssemos submetidos à lei da reencarnação é que ficaríamos para sempre a errar por aí, como almas perdidas, sem perdão e sem condições de reparar o mal que praticamos. Para Home, 'o mundo reencarnacionista é como um teatro onde as marionetes aparecem, fazem umas piruetas e desaparecem, sujeitas à vontade de quem manipula os cordéis'. Diz ele que a natureza humana 'se revolta diante de tais exageros'. Mais adiante, apresenta outras "confusões revoltantes": ele próprio teve 'a honra de encontrar pelo menos doze Marias Antonietas, seis ou sete Marias Stuart, uma porção de São Luízes e outros reis, além de uma vintena de Alexandres e Césares, mas jamais um simples joão-ninguém'. E que tem isso a ver com a justeza da doutrina reencarnacionista? Não é por causa disso que a reencarnação vai deixar de existir. O que ele testemunhou, se são exatos os dados que apresenta, foi a existência de uma porção de Espíritos vaidosos, iludidos, fantasistas, mal informados, que se julgam figuras eminentes do passado. As pesquisas de regressão de memória revelam, às vezes, uma ou outra personalidade eminente, mas revelam também – e sempre – existências em que o Espírito mergulhou no anonimato, no sofrimento, na miséria, na ignorância, na dor, exatamente para redimir faltas cometidas quando estava lá em cima na escala social ou no ápice do poder temporal. A paixão do argumento leva Home a observações totalmente infantis: Onde estariam hoje, pergunta ele, os heróis do passado,

Turenne, Bayard, Condé, que não vêm socorrer a França no momento em que os exércitos alemães se acampam sob os muros de Paris (refere-se, naturalmente, à Guerra de 1870)? 'Onde estavam esses heróis no dia da agonia de sua pátria? Ou a ausência de patriotismo é uma virtude na doutrina de Kardec ou toda grandeza de alma é uma impureza da qual os espíritos devem se despojar?'

Sua confusão é total. Supõe ele, a certa altura, que um Espírito que foi sucessivamente Nero, Constantino, Maomé, Carlos Magno, Bacon – uma impossibilidade flagrante em tão curto espaço de tempo – 'e se vê subitamente encarnado no corpo do primeiro, a vida inteira não lhe bastaria para decidir-se a adotar uma das quatro proposições' que apresenta a seguir: botar fogo em Paris e tocar violino enquanto a cidade se incendeia; mudar a capital da França; reunir numa só crença católicos, voltaireanos, protestantes e positivistas; inventar um novo produto para matar os homens. (A invenção da pólvora é atribuída a Bacon, o Roger, não a Francis).

Acha ele, portanto, que as faculdades espirituais que compõem a personalidade de Nero, por exemplo, se encontram no corpo físico de Nero e não no seu Espírito. Não sabe ele – e se diz autorizado a falar como médium – que é o Espírito que impõe suas tendências, vícios ou virtudes à personalidade do homem encarnado. O corpo físico nada é senão um instrumento de trabalho; uma vez abandonado pelo Espírito, é matéria que se decompõe e deixa de oferecer condições para abrigar a alma. Como é que o corpo de Nero, já apodrecido há milênios, vai receber um Espírito – que Espírito? – e influenciá-lo com as suas tendências? Além do mais, decorridos tantos séculos, é de esperar-se que Nero já esteja bastante diferente do que foi pela evolução irreversível da alma através do tempo. Seu Espírito, hoje reencarnado num corpo que ele próprio formasse deveria, por certo, apresentar-se de maneira mais tranquila e moralizada, pelas duras lições que deve ter estudado ao longo de vinte séculos de muitas dores. Que seria do pobre Nero – já que Home se refere a ele mais de uma vez – se não fosse a maravilhosa lei das vidas sucessivas? Que seria de nós?

E assim, sem entender os princípios sobre os quais se apoia a doutrina da reencarnação, Home não entende nem aceita as suas conseqüências. Por exemplo: se os Espíritos evoluem de vida em vida, como ensina Kardec, para ele 'a Grécia de hoje seria mais inteligente que ao tempo de Homero e Sócrates e a França menos imoral que era há quinze séculos'. Isto seria verdadeiro se ao longo de todos esses séculos, exatamente os mesmos Espíritos voltassem continuamente a se reencarnar nas mesmas regiões da Terra; sabemos, no entanto, que aqueles que atingiram um estágio superior na evolução espiritual, ficam liberados da dura condição de renascerem na carne. Só virão se e quando desejarem, em missões especiais de sacrifício ou de esclarecimento, ditadas pelo mais puro amor. Para aqui só voltam, obrigatoriamente, aqueles como nós, que ainda muito devemos perante a lei do nosso Pai. Não que Ele nos venha cobrar, como um Deus implacável e temível, mas porque Ele colocou em nossa própria consciência o sonho imortal da felicidade e o anseio invencível da paz que vamos encontrar nas realizações superiores do verdadeiro amor.

Para demonstrar as "incongruências" da reencarnação, Home cita alguns casos. Diz ter conhecido um homem que se lembrava de ter permanecido no seio da Terra por longos séculos "como um metalóide"! Depois, encarnou-se no corpo de um tigre real e a essa "encarnação" atribuía seu temperamento fogoso e atirado. Outro seu conhecido lembrava-se de ter sido "uma lâmina de aço"! Casos evidentes de pobres seres ingênuos, montados numa ignorância comovente e servidos por uma imaginação fértil e fantasista, que são tomados como exemplos para demonstrar a falsidade da doutrina da reencarnação. Assim não dá nem para argumentar.

Home conclui seu capítulo dizendo que fora essas ilusões, nada resta da doutrina de Allan Kardec. 'É um sonho, uma alucinação como tantas outras'.

Kardec não passaria de um escolar da Idade Média, discípulo de Tomás de Aquino, que veio ao século XIX para perturbar as pesquisas de um grupo de sábios positivistas. Traz na mão direita um pergaminho com as seguintes palavras enigmáticas: 'Minha missão é dupla: tomo o lugar do Cristo e confundo a identidade da criatura...'

Tais são, segundo Home, as sombras do Espiritismo. As luzes ele reserva para o último capítulo, no qual narra alguns episódios interessantes, mas banais, de sua própria mediunidade, nos quais identificou Espíritos, fez tocar acordeão por mãos invisíveis, apanhou brasas com as mãos, na lareira, moveu peças de mobiliário, etc., tudo muito legítimo e muito interessante, mas a velha pergunta retorna: E daí? Para substanciar esses relatos, transcreve depoimentos pessoais de amigos seus quase sempre da nobreza da época. Modestamente, reproduz até elogios como este da Condessa Catarina Lugano di Panigai, de Florança: 'Uma noite de julho de 1874, tive a felicidade de assistir a uma sessão dada pelo Sr. Daniel Dunglas Home, médium célebre, do qual não farei aqui retrato; o Sr. D. D. Home é muito conhecido pelas suas distintas qualidades e por aquela leal e franca conduta que distingue o verdadeiro cavalheiro'.

O que, aliás, é estritamente verdadeiro, diga-se em favor

da justiça. Home foi realmente uma pessoa de excelente educação, grande desembaraço social, de conduta irrepreensível e que jamais comerciou a sua mediunidade e nem procurou fraudar fenômenos para ganhar prestígio ou dinheiro. Sua dificuldade esteve em conciliar os fenômenos que produziu com um corpo doutrinário coerente, racional e amplo como a Codificação de Allan Kardec. Todo o seu trabalho – e foi extremamente valioso – concentrou-se em comprovar a sobrevivência do Espírito. Muitos seres humanos atraiu para essa idéia redentora e, com isso, dava-se por satisfeito. De certa forma, deixou passar a sua oportunidade, naquela encarnação. Sendo contemporâneo de Kardec, não quis ouvir o chamado da Doutrina. Mas, afinal de contas, a reencarnação, que tanto combateu sem entender, já o trouxe, segundo suspeitamos, de volta à carne, para espalhar por toda parte a palavra redentora do Espiritismo puro. O mestre lionês, a quem então não entendeu, é hoje objeto de sua profunda e respeitosa veneração; nele reconhece o mensageiro que nos trouxe a ciência e a moral, a lógica e o amor, a explicação e a esperança, contidos num só corpo doutrinário. Que mais poderia desejar o ser humano, além e acima desse breviário de paz, desse roteiro para as mansões da luz?

Graças a Deus, Daniel Dunglas Home também encontrou um dia a sua estrada de Damasco e, algo aturdido, perguntou como Saulo:

– Senhor, que queres que eu faça?

E Jesus lhe mostrou a grandeza da obra e o trabalho que ela exige para expulsar, com as novas luzes, as sombras dos nossos descaminhos.[83]

---

[83] Hermínio C. MIRANDA, *Sobrevivência e comunicabilidade dos espíritos*, p.250 a 262.

Também no livro **Reencarnação e Imortalidade**, de autoria de Hermínio Miranda, encontramos no capítulo 10, análise que o escritor faz em torno da obra **The psychic World Around Us (O Mundo Psíquico em Torno de Nós)**, escrito por Sanford Teller, com base nas narrativas e experiências de Long John Nebel, mantenedor de um programa de rádio nos Estados Unidos, no ar desde 23 de janeiro de 1963, em que muitas das apresentações foram dedicadas aos fenômenos psíquicos e inabituais. [O livro de Hermínio Miranda é de 1976].

Na obra de Sanford Teller o comentarista Long John, segundo Hermínio, faz comentários cruéis e apressados a respeito de Daniel Dunglas Home, ao declarar que:

> Chefes de Estado, eminentes clérigos e até mesmo alguns destacados cientistas, foram completamente embrulhados por esse exibicionista de fala rápida. A despeito de estar identificado com o mundo espiritual, ele certamente não negligenciou seu bem-estar físico, casando-se com um total de três mulheres ricas... e com as suas contas bancárias.

Hermínio comenta:

> **Não pode, no entanto, o autor impiedoso e mal informado, fugir às inúmeras evidências que Home deixou bem documentadas da sua notável mediunidade e por isso conclui dizendo: 'Apesar de Home ser geralmente considerado como um fabuloso impostor, nenhuma explicação satisfatória jamais foi apresentada para alguns dos seus feitos mais espetaculares'.**[84] (grifo do original)

---

[84] Hermínio C. MIRANDA, *Reencarnação e imortalidade*, p.110.

# Capítulo VIII

## Zêus Wantuil (1924 - 2011)
### Comentários no livro
### As Mesas Girantes e o Espiritismo

Em sua obra **As Mesas Girantes e o Espiritismo**, o autor, Zêus Wantuil (1924 - 2011) assim destaca:

> Sir William Crookes, que em 1853 conheceu de perto a aparelhagem usada por Faraday[85]nas experiências com as mesas girantes, feitas na casa do Rev. J. Barlow, secretário do 'Royal Institution', ao relatar suas célebres pesquisas sobre a 'força psíquica', no 'Quartely Journal of Science' de 01.10.1871, cita o trecho de uma carta que aquele genial cientista [Faraday] escrevera, em 1861, a Sir Emmerson Tennent, a propósito de uma proposta para a investigação experimental dos fenômenos que se produziam pela assombrosa mediunidade de Daniel Dunglas Home'. 'Se as circunstâncias – lamentou o famoso descobridor do tálio'.
>
> [William Crookes] não houvessem impedido a Faraday encontrar-se com o Sr. Home, não duvido que ele seria testemunha de fenômenos semelhantes ao que vou descrever' (...). [86]

---

[85] Michael Faraday (1791-1867) – sábio químico e físico inglês, membro da Sociedade Real de Londres (N.O.).

[86] Wantuil ZÊUS, *As mesas girantes e o espiritismo*, p.123,124.

Wantuil cita também, em sua exemplar obra de pesquisa histórica dos fenômenos psíquicos, o fato ocorrido com certo professor Brittan, em 1852, por ele próprio narrado no *Religio-Philosophical Journal*, conforme transcrição em *Light* [Jornal Espiritista de Londres] de 1881, página 260:

Numa certa manhã de 1852, assistia eu a uma sessão, em Greenfield, Mass., com o médium D.D.Home, que cedo ganharia celebridade. Um dos assistentes recitava o alfabeto, enquanto as pancadas fornecidas pela mesa iam, de acordo com o seu número, construindo as comunicações. Em dado momento, aquelas se tornaram fortíssimas, e o sinal convencionado (cinco pancadas) nos advertiu de que o alfabeto era reclamado. Alguém fez a observação de que esse pedido não tinha sentido, visto que o alfabeto já estava sendo recitado. O mesmo sinal foi repetido pela mesa, ao mesmo tempo que esta se punha a dar violentas sacudidelas, o que levou um dos assistentes a pensar que à harmonia sucedera incompreensível desordem...
Crendo ter adivinhado o que se passava, fiz notar que ali certamente não havia propósito de desordem, achando que talvez outra individualidade houvesse interrompido a mensagem que se estava recebendo, provavelmente com o intuito de nos comunicar algo de urgência. Minha suposição foi de imediato confirmada por pancadas batidas em diferentes partes do aposento, bem como por violento estremecimento da mesa. Pus-me então a recitar o alfabeto, e recebi esta mensagem: 'Volta para casa, teu filho está doente, parte sem demora, ou chegarás tarde'. Tomei minha mala de mão e saí. Mal alcancei a rua, ouvi o apito do trem que se avizinhava da estação; era o último trem que me permitiria

voltar a casa naquela mesma noite. Achava-me distante da estação cerca de um oitavo de milha; comecei a correr com todas as minhas forças e ali cheguei no momento em que o trem se punha em movimento. Apenas tive o tempo de saltar sobre a plataforma traseira do último carro. Ao entrar em casa, verifiquei a exatidão rigorosa da mensagem espírítica. [87]

Outro acontecimento digno de nota, no ano de 1855 – narra Wantuil em sua obra – é a visita que o prodigioso médium Daniel Dunglas Home, nascido na Escócia, mas vivendo nos Estados Unidos, fez a Paris no mês de outubro daquele ano. Tinha ele ido à Europa a conselho dos médicos, para tratamento de saúde, mas tem-se a impressão de que Forças Superiores poderosamente concorreram para aquele fim, e daí dizer o Prof. Rivail [88] que, 'se ele veio, é porque devia vir'. [Vide **Revista Espírita** de fevereiro de 1858] (N.O.)

Primeiramente desembarcara na Inglaterra, em abril de 1855, e aí respeitáveis inteligências, como Lord Brougham, o cientista Sr. David Brewster, o conde de Dunraven, os talentosos romancistas Lord Lytton e Anthony Trollope, o alienista Dr. J. Garth Wilkinson, etc., etc., testemunharam a realidade de certo número de fenômenos espíritas.

A França, ainda na dúvida quanto às manifestações espíritas, tinha necessidade de fatos chocantes; foi o Sr. Home quem recebeu essa missão, pois, quanto mais chocantes os fatos, mais eco produzem. A posição, o conceito, as luzes dos que o acolheram e que ficaram convencidos pela evidência dos fatos, abalaram as convicções de uma multidão de gente, mesmo entre os que não puderam testemunhar ocularmente os fatos. A presença do Sr. Home foi poderoso auxílio para a propagação das idéias espíritas.

---

[87] Wantuil ZÊUS, *As mesas girantes e o espiritismo*, p. 187 e 188.
[88] Hippolyte Léon Denizard Rivail (1804-1869) que assinou as obras da Codificação espírita como Allan Kardec (N.O.)

Confirmando de modo insofismável a existência de forças espirituais invisíveis, o médium Home amanhou milhares de mentes para que pouco depois pudessem aceitar a semente da Doutrina dos Espíritos, em vias de formação.

Ilustres personalidades do mundo político, social, literário e científico atestaram, estupefatos, de maneira categórica e incontestável, um sem número de fenômenos (ruídos diversos, movimento, levitação e transporte de corpos pesados, instrumentos de música que tocavam sozinhos, aparições materializadas, etc., etc.) de que era causa involuntária o médium Home.

Rivail teve, na época, notícias de vários desses fatos maravilhosos, através de pessoas amigas que os testemunharam, e ele mesmo, ao que se depreende de suas palavras, ditas mais tarde, teria assistido a algumas sessões com o referido intermediário dos Espíritos. [89] [Vide **Revista Espírita** de 1858] (N.O.)

---

[89] Wantuil, ZÊUS, *As mesas girantes e o espiritismo,*.p.308 e 309.

# Capítulo IX

## Carlos Imbassahy (1883-1969)
## Comentários no livro
## O Espiritismo à Luz dos Fatos

Carlos Imbassahy (1883 -1969) foi advogado, jornalista, escritor e espírita brasileiro.Viveu a maior parte de sua vida na cidade de Niterói, no Estado do Rio de Janeiro, onde exerceu a profissão de advogado até por volta de 1915. Entre as suas obras espíritas, destacam-se, entre outras: **A Mediunidade e a Lei; O Espiritismo à Luz dos Fatos; Evolução; O que é a Morte; Enigmas da Parapsicologia; A Missão de Allan Kardec; Ciência Metapsíquica; Parapsicologia e Psicanálise e Freud e as Manifestações da Alma**.

Em sua obra **O Espiritismo à Luz dos Fatos**, de 1935, editada pela FEB/Federação Espírita Brasileira, dedica um capítulo aos "Médiuns e Experimentadores", destacando que Florence Cook e Daniel Dunglas Home foram médiuns que serviram para as experiências de William Crookes e que essas foram:

> As experiências clássicas do Espiritismo e que delas data o aparecimento do Espiritismo como Ciência. Enfatiza, ainda, que a repercussão dos fatos analisados por Crooks foi imensa no mundo inteiro, não só pelo valor do eminente cientista inglês que as presidiu, como pela excepcionalidade dos fatos presenciados.[90]

---

[90] Carlos IMBASSAHY, *O espiritismo à luz dos fatos*, p.219 e 220.

# Capítulo X

## Hernani G. Andrade
## (1913-2003)
## Comentários no livro
## A Transcomunicação Através
## dos Tempos

**Hernani Guimarães Andrade** (1913-2003), pesquisador espírita brasileiro.

Fundador do Instituto Brasileiro de Psicobiofísica (IBPP), procurou demonstrar cientificamente a existência dos fenômenos paranormais, tais como a reencarnação, a obsessão, a transcomunicação instrumental, além de ter realizado pesquisas laboratoriais para detectar o que denominou como *Campo Biomagnético* (CBM). Obras publicadas: **Espírito, Perispírito e Alma; Matéria Psi; Morte - Uma Luz no Fim do Túnel; Morte, Renascimento e Evolução; Parapsicologia Experimental; Poltergeist: Algumas ocorrências no Brasil; Psi Quântico; Reencarnação no Brasil; Renasceu por Amor; A Transcomunicação Através dos Tempos** e **Teoria Corpuscular do Espírito.**

Na obra **A Transcomunicação Através dos Tempos**, publicada pela Fé Editora Jornalística em 1997, que corresponde a trinta e três artigos publicados no periódico **Folha Espírita** de agosto de 1994 a abril de 1997, com o pseudônimo de *Karl W. Goldstein*, o autor se refere ao *período científico* definido pelo professor Charles Richet, em 1872, e que esse período teria sido iniciado por William Crookes.

Informa Hernani que:

Entre 1869 e 1875, Crookes levou a efeito um número enorme de sessões, com os mais variados médiuns; as de maior importância, em seu próprio laboratório pessoal. São cinco seus principais grupos de experiências com os médiuns mais qualificados e por ordem cronológica: Daniel Dunglas Home, Kate Fox, Charles Edward Williams, Florence Cook e Mrs. Annie Eva Fay.

"As experiências feitas com Daniel Dunglas Home" – destaca Hernani – "parecem as mais bem controladas das cinco principais séries". Foram relatadas no **The Quarterlay Journal of Science,** a partir de 1871, mais tarde enfeixadas em um volume sob o título: **Researches in the Phenomena of Spiritualism** e publicadas também nos **Proceedings of the Society for Psychical Research** (vol. VI, 1889-90, pp.98-127).

Essas experiências constaram de diversos fenômenos de efeitos físicos, tais como movimento de corpos pesados com contacto, mas sem esforço mecânico por parte do médium. Para controlar e medir esses fenômenos, Crookes construiu e montou aparelhos dotados de alavancas e dinamômetros, bem como registradores gráficos operados mecanicamente. Dentro dessa categoria de fenômenos destaca-se um deles pelo inusitado. Trata-se de um acordeão que era tocado, tendo apenas uma de suas extremidades presa entre os dedos da mão do médium. A outra extremidade contendo as teclas ficava dependurada. No instrumento, assim suspenso dentro de uma gaiola de madeira e arame, músicas eram misteriosamente executadas, sendo suas teclas acionadas por suposta máo invisível.[91]

O pesquisador Hernani Andrade enfatiza que:

Foram investigados os fenômenos de percussão e outros ruídos surgidos sob a ação do médium. Objetos pesados situados a determinada distância do médium eram movimentados ostensivamente. Assim, mesas e cadeiras elevavam-se do chão por si sós. Todos esses fenômenos, em sua maioria, ocorriam à luz clara, permitindo absoluto controle. O médium D.D.Home é famoso também pelas suas levitações. (...) Inúmeros outros fenômenos extraordinários foram reportados por Crookes.

Os modernos parapsicólogos – declara Hernani – certamente poderáo interpretar toda a fenomenologia produzida por Daniel Dunglas Home, sob o prisma da exclusiva ação psicocinética do médium. É uma questão de opinião, aliás respeitável, uma vez que experimentos de laboratório evidenciam a existência da função psi-kappa, em seres humanos e até em animais. Entretanto, é importante assinalar que a quase totalidade dos resultados dos testes de psicocinesia [92] levados a efeito em laboratório são revelados graças aos sensíveis métodos estatísticos. Isto quer dizer que tais efeitos psicocinéticos são muitíssimos débeis e escapam,

---

[91] Hernani G. ANDRADE, *A transcomunicação através dos tempos*. Fé Editora Jornalística, p.148 e 149.

[92] Psicocinesia, telecinesia ou PK é uma faculdade extrassensorial na qual a mente atua diretamente sobre a matéria através de meios invisíveis, sem contato físico (N.O.).

comumente, a uma observação direta. O contrário ocorre nos fenômenos espontâneos produzidos pelos médiuns de alta potência como Daniel Dunglas Home.

Informa o Dr. Hernani Andrade que:

*Nos relatórios a respeito dos fenômenos ocorridos com D.D.Home, a sua quase totalidade se refere a manifestações de Espíritos.* [grifo do original] Sua carreira de médium teve início na infância. Ele próprio descende, por parte da sua genitora, de uma família de videntes. Quando era ainda um bebê, o berço de Home balançava-se sozinho, **como se uma espécie de Espírito guardião cuidasse dele enquanto dormia**. [grifo no original][93]

---

[93] Hernani G. ANDRADE, *A transcomunicação através dos tempos*, p.150.

# Capítulo XI

## Deolindo Amorim (1906-1984)
## Comentários no livro
## Relembrando Deolindo - II

Daniel D. Home é, como se sabe, um dos médiuns mais citados na história do Espiritismo. Justamente por isso, em razão dos numerosos e notáveis fenômenos de que fora instrumento, no século passado, é também um dos médiuns mais caluniados por inimigos do Espiritismo. Como homem, e o médium não está nem poderia estar inteiramente isento das imperfeições humanas, é natural que HOME tenha tido as suas falhas.

Acusam-no, por exemplo, de alguma vaidade, no início de suas atividades mediúnicas, justamente quando o seu nome começou a aparecer em jornais e comentários, através da Europa; também se diz, com base em boas fontes, que Home chegara a ter ciúmes de outros médiuns, exatamente na época das célebres experiências de William Crookes. Tudo isto é possível, pois o médium está, geralmente, muito sujeito à influência de elogios e endeusamentos. Poucos são aqueles que, depois de certo tempo, não se deixam empolgar pela publicidade ou pela fama.

A alma humana é muito sensível às glórias e aos interesses do mundo. Pior, e muito pior ainda, é quando o médium descamba para o misticismo exagerado e chega ao extremo de se julgar um iluminado, um messias, um ser à parte no quadro da natureza humana. Chegado a este ponto, pouco falta para cair no abismo.

Quando o médium não tem doutrina ou não se submete a qualquer norma de disciplina espiritual, que é indispensável ao exercício da mediunidade, está propenso a transpor os limites da normalidade. Se, portanto, a mediunidade sai do normal ou quebra o sentido de equilíbrio orgânico-espiritual, caminha para as formas exóticas ou para o estado patológico. E é isto, precisamente, o que o Espiritismo procura evitar, a todo o custo, pela preparação moral e intelectual do médium. Não é este, entretanto, o caso de Home. Embora influenciado, nos primeiros tempos, por alguns resquícios de personalismo, o que é muito admissível nos médiuns inexperientes, o certo é que, mais tarde, se revelou um médium humilde, consciencioso, absolutamente despido de pretensões vaidosas.

Seus inimigos, com o intuito de atacar o Espiritismo, andavam à cata de brechas até nas mínimas coisas; tudo, para eles, servia de pretexto para as campanhas contra o médium e o Espiritismo. Exploraram facilmente, e sem piedade, certos pontos fracos, mas não conseguiram provar a desonestidade do médium. Isto, nunca! Propalaram que HOME recebia dinheiro para simular fenômenos de levitação, luminosidade, etc., mas os depoimentos contrários, e de fontes fidedignas, destroem, cabalmente, a maliciosa invencionice. Certa vez, por exemplo, recusou o convite de um clube, em Paris, para uma exibição, com entradas pagas, e o fez em termos categóricos:

'Fui enviado para realizar uma missão. Essa missão é a de demonstrar a imortalidade da alma. Jamais cobrarei dinheiro por ela'. Quem procede assim, quem recusa dinheiro para não comprometer a sua mediunidade não pode ser chamado de ganancioso. Apesar disto, houve quem dissesse que Home queria enriquecer com as suas faculdades mediúnicas... A maledicência humana é capaz de tudo. Assoalharam, ainda, que Home havia negado a exatidão dos fenômenos; chegou-se a dizer que ele próprio confessara, a alguém, que tudo aquilo não passara de mistificação ou de puro engodo!... Pois bem, é de Home, e ninguém melhor do que ele para reconhecer a sua condição de médium, esta criteriosa declaração:

'Não tenho domínio sobre as minhas forças; elas se valem de mim e não eu delas'.

Quem fala assim, evidentemente, está bem compenetrado de que é apenas um instrumento de forças espirituais. Ele mesmo disse: 'Sou um instrumento passivo e nada mais'. Um dos maiores depoimentos em favor de Home é o de Allan Kardec, o Codificador do Espiritismo. Kardec, em 1855, quando Home passou pela França, tomou interesse especial pelo médium, e escreveu, entre outras, as seguintes palavras: 'O Sr. Home nada pede a ninguém. No Sr. Home vemos um homem dotado de faculdade notável'.

Eis aí o homem que, tendo vindo à Terra com excelentes faculdades mediúnicas, foi chamado de charlatão e explorador...

A única falha ou contradição de Home, no fim de sua trabalhosa existência, se é que podemos ver nisto uma contradição, foi o fato de se haver casado na Rússia, com uma senhora daquele país, e ter, assim, abraçado a Igreja Grega. Convém notar que Home era apenas médium e, portanto, não fizera profissão de fé na Doutrina Espírita. É natural, pois, que se haja filiado à Igreja Grega ou Cismática, uma vez que casara com uma senhora a ela pertencente e, ainda, porque a Igreja Grega preponderava na Rússia, ao tempo do casamento de Home.

Se apesar de médium, e dos mais falados até hoje, Home tinha idéias católicas, embora combatido pelo Clero Católico, nada mais natural do que, por injunções do ambiente ou por inclinações pessoais, haver caído nos braços da Igreja. São razões de consciência. Nem todos os médiuns são Espíritas ou espiritistas. A faculdade mediúnica – ensina o Espiritismo – não depende da crença pessoal. Seria contradição, sim, a sua adesão à Igreja, se o médium houvesse aceitado a Doutrina Espírita. Se, porém, ele continuou intimamente católico, apesar de médium, nada de estranho há nesse fato.

No campo mediúnico, é justo reconhecer, sempre, que Home prestou notáveis serviços ao Espiritismo, principalmente na fase mais intensa das experiências científicas, na Europa. Médium eficiente e dedicado, tendo sido submetido às provas mais rigorosas, tendo passado pelas observações mais insuspeitas, sob a direção de homens de indiscutível envergadura científica, como WILLIAM CROOKES, W. BARRETT, LYNDSAY e outros, Home deixou provas inapagáveis nos anais da literatura mediúnica. Os fenômenos de efeitos físicos, de que fora causa instrumental, em repetidas experiências, marcaram época, como se costuma dizer, na história do Espiritismo.

Sobre a sua mediunidade e sobre a sua honestidade pessoal, não há qualquer dúvida. O número de fatos é tão grande e tão bem comprovado, que seria insensatez querer levantar suspeita em face de tantos testemunhos e tantas provas irrefutáveis. Há, porém, dúvidas sobre dois pontos: o nome completo de Home e a data de sua desencarnação. As fontes, tanto nacionais como estrangeiras, estão em desacordo. O problema é de natureza histórica, e não altera, portanto, a autenticidade dos fenômenos mediúnicos nem o valor moral de Home.

Douglas ou Dunglas? Qual o mais certo? É nisto que está uma das dúvidas. Eu mesmo, quando escrevi **O Espiritismo** à **Luz da Crítica**[94] utilizei algumas traduções brasileiras, e por isso grafei Douglas, segundo se lê em muitas fontes. Fi-lo, é claro, com apoio em citações diversas. Todavia, outras fontes, e das mais categorizadas, escreveram Dunglas e não Douglas. Estou, atualmente, inclinado a admitir que o verdadeiro nome do grande médium é realmente Daniel Dunglas Home. Seja como for, a concordância dos autores não é unânime.

Em sua **História do Moderno Espiritualismo (The History of Modern Spiritualism)**, Ernest Thompson, historiador inglês, dá o nome por inteiro, no qual se vê que é Dunglas e não Douglas. É verdade que Douglas é muito freqüente nos povos da língua inglesa. Conan Doyle, que escreveu uma das mais alentadas histórias do Espiritismo, fala muito sobre Home. Não sei se a edição original da obra de Conan Doyle, no idioma inglês, que é, hoje, raríssima, dá o médium como sendo Dunglas ou Douglas, segundo algumas traduções. Sei que na edição argentina, publicada pela "Editorial Shapire" e traduzida por E. Diaz Retg, está escrito Douglas Home. Para tirar a dúvida, o mais certo é confrontar a 1ª edição inglesa com a edição argentina, o que, aliás, não é muito fácil, porque são pouquíssimas as bibliotecas, públicas ou particulares, onde ainda poderia ser encontrada a obra de Conan Doyle, na língua de origem e na época em que fora publicada pela primeira vez.[95]

Valho-me, agora, de uma fonte francesa, e das mais autorizadas: **Histoire du Spiritualisme Expérimentel**, de C. Vesme. Lá está, finalmente, Dunglas e não Douglas.

---

[94] Livro publicado pelo CELD, em 1993; Volume III da *Série Deolindo Amorim*. (Nota do original).

[95] Há edição em português do livro de Conan Doyle, *História do Espiritismo*, tradução de Júlio Abreu Filho, Editora Pensamento. Vide capítulo III desta coletânea. (N.O.)

Também na obra de William Barrett, **Nos Umbrais do Além**, (excelente tradução de Isidoro Duarte Santos, Portugal) o famoso médium é apresentado com o nome completo de DANIEL DUNGLAS HOME. Outros livros, entretanto, ora em português, ora em castelhano, preferem Douglas, como se lê repetidamente.

Em 1946, a Livraria da Federação Espírita Brasileira lançou a 1ª edição de **Introdução ao Estudo da Doutrina Espírita**, traduzida pelo Dr. Guillon Ribeiro. Lê-se, na referida tradução, pág. 123: Daniel DUNGLAS Home. É uma tradução das mais respeitáveis. A divergência persiste, como se vê, entre as fontes de consulta.

Quanto à data do nascimento de Home, parece que não há dúvida alguma. Todos os autores até agora citados afirmam que o médium nasceu no ano de 1833, perto de Edinburgh, e foi para os Estados Unidos ainda menino. Quanto, porém, à data de sua desencarnação, há discordância entre diversos livros, inclusive entre os mais consultados. Diz-se, em diversas referências e biografias, que Home faleceu em 1866, o que é absolutamente impossível, porque ainda depois daquele ano estivera ele na Inglaterra. Home, como se sabe, foi um dos médiuns que serviram de instrumento para as experiências de William Crookes. Como poderia ele ter desencarnado em 1866, se os fenômenos, referidos na obra de Crookes, ocorreram entre 1870 e 1873? E. Thompson e outros autores assinalam a desencarnação de Home no ano de 1886, o que parece mais certo.

Apesar de todas as dúvidas históricas sobre determinadas datas e outros pontos, nenhuma dúvida existe, felizmente, sobre a veracidade dos fenômenos. Home colocou-se, desinteressadamente, a serviço da Ciência, porque, como médium de efeitos físicos, se submeteu a todas as provas e foi objeto de estudos imparciais, durante anos seguidos, entre verdadeiros homens de formação científica.

Sua missão mediúnica foi bem cumprida, porque as suas faculdades excepcionais serviram para demonstrar, cabalmente, a sobrevivência da alma, com toda dignidade, sem precauções interesseiras. Tendo posto, portanto, as suas faculdades mediúnicas a serviço do Bem e da Verdade, Home conquistou, na gratidão dos espíritas, um lugar bem alto, porque foi, sem qualquer dúvida, um dos maiores médiuns de todos os tempos.[96]

**Nota do Organizador:** Vejam-se também os comentários de Deolindo Amorim, acerca do médium Daniel Dunglas Home, no livro **O Espiritismo à Luz da Crítica**, livro por ele acima citado. Nesse livro Deolindo refuta as acusações feitas pelo sacerdote católico Padre Álvaro Negromonte em sua obra **O Que é o Espiritismo** [Publicada com o mesmo título em tradução brasileira de um dos livros de Allan Kardec]. A primeira edição do livro de Deolindo foi feita em 1956, pela Federação Espírita do Paraná.

O famoso jornalista, nascido na cidade de Baixa Grande, estado da Bahia, em 23 de janeiro de 1906 e desencarnado em 24 de abril de 1984, foi autor de diversas obras. Em **O Espiritismo à Luz da Crítica**, escreve ele em defesa da Doutrina Espírita, injustamente atacada pelo escritor católico.

No capítulo IV de sua obra, Deolindo se dedica a defender vários médiuns acusados pelo sacerdote, a exemplo dos Irmãos Davenport, Eusápia Paladino, Florence Cook e Daniel Dunglas Home.[97]

---

[96] Deolindo AMORIM, *Relembrando Deolindo – II*, p.45 a 50.
[97] Idem, *O espiritismo à luz da crítica*, p.145 e ss.

# Capítulo XII

## Antônio César Perri de Carvalho
## "O Maior Médium de todos os tempos"
## Comentários no Anuário Espírita de 1979, do IDE

Em 1979, Antonio César Perri de Carvalho, atual Presidente da Federação Espírita Brasileira; autor de obras de pesquisa a exemplo de **Os Sábios e a Srª. Piper**[acerca da mediunidade de Eleonora Piper] e **Entre a Matéria e o Espírito** [em coautoria com Osvaldo Magro Filho], publicou artigo no **Anuário Espírita**, do Instituto de Difusão Espírita/IDE, intitulado **Opiniões Recentes sobre Daniel Dunglas Home:**

Entre as obras disponíveis em nossa língua, é em História do Espiritismo, de Arthur Conan Doyle, que estão incluídas as mais completas informações sobre o médium Daniel Dunglas Home. Inclusive, em 1978 este importante livro foi reeditado pela Editora Pensamento, de São Paulo. Outras obras clássicas no campo da história dos fenômenos psíquicos também dão destaque aos episódios mediúnicos, como as publicações de Frank Podmore[98] e de Alan Gauld.[99]

Depois de quase cem anos de sua existência, as publicações do hemisfério norte continuam lembrando com insistência das proezas de Daniel Dunglas Home, considerado por Conan Doyle como o maior médium do mundo moderno

---

[98] Podmore, F. 1963. *Mediuns of the 19th century.*
[99] Gauld, A. 1968. *The founders of psychical research.*

no campo das manifestações físicas. Home foi destacado no livro [100] que historia os cem anos da Associação Espírita da Grã-Bretanha e seu busto se encontra no hall da austera Sociedade de Pesquisas Psíquicas, de Londres.

Em junho de 1977, o periódico desta Sociedade trouxe um comentário sobre uma obra recente a respeito do aludido médium: D.D. Home, il Médium de George Zorab, lançada em 1976 pela Editora Armenia, de Milão: Esta biografia é a mais completa contribuição publicada sobre aquele que tem sido justamente chamado **o maior médium de todos os tempos.**[101] (grifo do original)

Um ano depois, este mesmo periódico [102]publicou uma carta de George Zorab, onde comenta seus achados sobre a descendência de Home. Isto porque existe controvérsia de que ele seria filho ilegítimo da família nobre dos 'Home of Dunglas', da Escócia. Alguns chegaram a afirmar que o pai de Home teria sido filho natural do 10º. Conde de Home. Zorab relata que quando havia terminado seu livro recente, conseguiu cópia dos 'Registros de Mortes e Batismos da Paróquia de Currie', cidade natal de Home. Neste documento encontra-se que 'Daniel Home, filho legítimo de William Home e Elizabeth McNeil nasceu em 20 de março de 1833 e foi batizado em 14 de abril. Não foi citado o nome Dunglas.

---

[100] Stemman, R. 1972.*One hundred years of spiritualism,* Spiritualist Association of Great Britain, London (Nota do autor do artigo).

[101] Journal of the Society for Psychical Research, 49: 542-543, 1977 (Nota do autor do artigo).

[102] Journal of the Society for Psychical Research, 49: 844-847, 1978 (Nota do autor do artigo).

Baseado em seus estudos, Zorab acredita que 'as fantasias de grandeza de Home levaram-no a admitir que ele tinha sido batizado Dunglas, o que implicaria uma relação com os Condes de Home e Dunglas. Isto, de fato, abriu-lhe as portas dos círculos aristocráticos...'.

O nome Dunglas não consta de seus papéis de casamento. 'Mas, a importância que Home deu ao nome 'Dunglas' pelo seu status e reputação pode ser deduzida do fato que o filho de Home, nascido em 1859, foi batizado de Gregoire Dunglas Home'.

Entretanto, estas curiosidades históricas com prováveis nuances da personalidade de Home não são os fatos mais importantes para o momento.

O jornal semanal Psychic News[103] trouxe um comentário sobre o livro **Natural and Supernatural: A history of the paranormal**, lançado por Peter Lewis em janeiro passado. [janeiro de 1978] O autor chama a atenção de que 'nenhum caso de fraude foi detectado por qualquer de seus muitos detratores' nas suas atividades mediúnicas.

Paul Miller, colaborador assíduo desse jornal londrino, em uma série de artigos[104] dedicados aos estudos de William Crookes – 'quando ele descobriu a 'nova força' –, considera que 'a mediunidade de D.D.Home foi catalisadora, propiciando evidências de uma força além do que era então conhecido. Miller lembra que a mediunidade de Home foi responsável por declarações públicas de "Sir" William Crookes, dirigidas à 'British Association. Reproduz trechos de artigos de Crookes, onde o notável cientista assim se refere

---

[103] Psychic News, London, 4/2/78, pg.7 (Nota do autor do artigo).
[104] Psychic News, London, 22 e 29/4/78, p.7 (Nota do autor do artigo).

aos fenômenos produzidos por Home: Estes experimentos parecem estabelecer conclusivamente a existência de uma nova força, (...) que pode ser chamada Força Psíquica. [105]

---

[105] Carvalho, Antônio César Perri de Carvalho. In *Anuário Espírita 1979*. IDE, p.187 a 190.

# Capítulo XIII

## Outros comentários

*Daniel Dunglas Home foi um dos médiuns mais completos que o mundo conheceu. Além de ter visões, ele produzia os mais diversos tipos de fenômenos.*
*(O Mundo Paranormal, p.58)*

Encontramos referências ao médium Daniel Dunglas Home também na Revista **O Mundo Paranormal,** no fascículo quatro, "A Parapsicologia Explicada", que declara ser ele "um dos mais extraordinários médiuns de efeitos físicos que o mundo conheceu".[106]

Há comentários, também, no livro *Mediunidade dos Santos,* de Clóvis Tavares publicado pelo IDE/Instituto de Difusão Espírita.

O pesquisador Carlos Bernardo Loureiro (1942-2007) destaca em sua obra **Dos Raps à Comunicação Instrumental**, que os casos mais notáveis de LEVITAÇÃO na era moderna, segundo William Crookes, são atribuídos a Daniel Dunglas Home. O cientista e pesquisador inglês investigou, à saciedade, a faculdade mediúnica de D. D. Home, afirmando, posteriormente, que: "rejeitar a evidência dessas manifestações equivale a rejeitar todo o testemunho humano, qualquer que ele seja, porque não há fato na História sagrada ou profana que se apoie em prova mais imponente".[107]

---

[106] O Mundo Paranormal" in *A parapsicologia explicada.* Fascículo 4, p. 58
[107] Carlos Bernardo LOUREIRO. *Dos raps à comunicação instrumental*, p.47 e 48.

Carlos Bernardo cita, ainda, a opinião pessoal de D.D.Home sobre as suas experiências:

> Durante essas elevações ou levitações, nada sinto em particular em mim, exceto a sensação de costume, cuja causa atribuo a uma grande abundância de eletricidade nos meus pés. Não sinto mão alguma que me sustenha e, desde a minha primeira ascensão, deixei de ter receio, posto que, se eu tivesse caído de certos tetos, a cuja altura fora elevado, não teria podido evitar ferimentos graves.
>
> Sou em geral levantado perpendicularmente, com os braços hirtos e erguidos por cima da cabeça, como se quisesse agarrar o ser invisível que me levanta suavemente do solo. Quando chego no teto, os pés são levantados até ao nível da cabeça e acho-me como que numa posição de descanso. Tenho ficado muitas vezes assim suspenso durante quatro ou cinco minutos.

E conclui o pesquisador e escritor baiano: "Daniel Dunglas Home tinha a certeza que as levitações e os demais fenômenos eram produzidos pelos Espíritos às expensas de sua portentosa faculdade mediúnica".[108]

Igualmente na coleção **Mistérios do Desconhecido**, no tomo *Evocação dos Espíritos*, publicada pela Abril Livros Ltda[109] encontramos uma resenha dos episódios que envolveram a vida do médium escocês, desde a infância e até as experiências na fase adulta. No texto, uma declaração impactante: ***No mundo dos médiuns**, D.D. Home era um colosso entre pigmeus.*

---

[108] Carlos Bernardo LOUREIRO, *Dos raps à comunicação instrumental*, p. 49 e 50.

[109] "Evocação dos Espíritos" in *Mistérios do desconhecido*, p.37 a 42.

No livro **Os Grandes Médiuns** [Les Grands Mediums], traduzido no Brasil e publicado por Edições Loyola, em 1966, o parapsicólogo francês Robert Amadou (1924-2006), do Instituto Metapsíquico Internacional de Paris, declara: *O êxito de Home foi imenso: nenhum médium, parece, despertou tanto entusiasmo.*

# Capítulo XIV

# SÍNTESE BIOGRÁFICA CRONOLÓGICA DE DANIEL DUNGLAS HOME

1833 – Nasce a 20 de março, em Currie, próximo a Edinburgo, na Escócia. Segundo Allan Kardec, na **Revista Espírita** de fevereiro de 1858, Home nasceu em 15 de março.

1842 – Quando fez nove anos foi levado por uma tia e um tio para os Estados Unidos.

1850 – Home, aos dezessete anos, vive em Connecticut.

Desencarna a genitora do médium. A casa da tia com quem Home morava começa a ser alvo de batidas semelhantes às ocorridas, dois anos antes, na casa da família Fox.

1851 – Primeiro artigo publicado sobre os fenômenos mediúnicos de Home, em um periódico de Connecticut.

1852 – Na primavera Home vai para Massachusetts e visita o médium Henry Gondon.

1853 – Em Boston, Home promove fenômenos em torno da "música espírita", com uma guitarra que tocava sozinha.

1854 – Home viaja para a Itália e converte-se à fé católica.

1855 – Vai à Inglaterra, em viagem financiada por espiritualistas americanos. Participa de sessões com o cientista Sir David Brewster; com os romancistas Sir Edward Bulwer-Lytton e Anthony Trollope; com o socialista Robert Owen e com James John Garth Wilkinson. Participou também de sessões com o poeta Robert Browning.

A doença dos pulmões se agrava, com aumento da tosse. Home vai para a Inglaterra, Londres, a conselho médico. Tinha 22 anos. Promove várias sessões em Londres.

Contatos e realização de sessões com o casal Elizabeth e Robert Browning em julho.

Home sofre um atentado, em dezembro, nas ruas próximas de onde morava.

1856 – Home está na Itália, em Florença.

Em janeiro um alto oficial do governo italiano avisou Home para que se conservasse em casa à noite e se afastasse das janelas iluminadas.

Em 10 de fevereiro Home anuncia que os Espíritos seus amigos lhe tinham dito que o poder de comunicação com eles lhe iria ser retirado por um ano inteiro.

Mantém contato com o Papa Pio IX, que presenteia Home com uma medalha de prata. Home adota a fé católica.

Em junho está em Paris e entra em contato com o padre Xavier de Ravignan.


1857 – Em 10 de fevereiro Home está doente. Os Espíritos, como tinham prometido um ano antes, retornam, restabelecendo a sua saúde e os fenômenos retornam intensos.

Em 13 de fevereiro Home tem encontro com o Imperador Napoleão III e com a Imperatriz Eugênia, sua esposa e com vários súditos no palácio dos monarcas, onde realiza sessão íntima.

Em 12 de setembro o jornal **Harper's Weekly** publica noticiário sobre a sessão.


1858 – 01 de agosto. Casa-se com Alexandrina de Kroll (Sacha), filha de 17 anos de uma família nobre russa.


1859 – Nasce o primeiro filho de Home e de Sacha, Gregoire, em São Petersburgo.

Em agosto Home vai com a família para Paris.

Retorna à Inglaterra e realiza sessões em Londres até 24 de julho de 1860.

1862 – Em 03 de julho, desencarnação de Alexandrina, primeira esposa de Home, vítima da tuberculose. Tinha 22 anos.

1863 – Publicação do primeiro volume de **Incidents in My Life**, de autoria de Daniel Dunglas Home.

Home decide tornar-se escultor.

1864 – O Chefe de Polícia de Roma, em janeiro, convida Home a "mudar para outro lugar" e o faz sentir que o Vaticano tinha colocado o seu livro **Incidents in My Life** em seu índex de livros proibidos.

1866 – Home conhece a Sra. Jane Lyon e se envolve num processo judicial.

1867 – Home, em decorrência do processo movido pela Srª. Jane Lyon, é preso em 18 de junho, sendo libertado posteriormente.

1868 – Neste ano, em 16 de dezembro, ocorreria a famosa sessão em que Home levitou, em Londres, na mansão de Lord Lindsay, saindo por uma janela do prédio onde se encontrava e entrando por outra ao lado, cerca de 24 metros de altura.

1870 – Participa de experiências, até 1873, com o sábio inglês William Crookes.

1871 – Segundo casamento com Julie de Gloumeline, rica senhora russa que ele conheceu em São Petersburgo. Home converte-se à fé grega ortodoxa.

1872 – Publicação do segundo volume de **Incidents in My Life**, contendo a segunda série de suas memórias.

1877 – Publica o livro de sua autoria **Lights and Shadows of Spiritualism (Luzes e Sombras do Espiritualismo)**.

1886 – Desencarna em 21 de junho, aos 53 anos, de tuberculose, em Auteuil, França. A seu pedido foi sepultado ao lado da filha que tivera com a sua segunda mulher, e que morrera pequenina. Sua esposa retorna para a Rússia e, para conservar viva a lembrança do seu marido escreveu dois livros: **Vida e Missão de D.D.Home e O Dom de D.D.Home.**

# REFERÊNCIA BIBLIOGRÁFICA

AMADOU, Robert. *Os Grandes Médiuns*. São Paulo/SP: Edições Loyola, 1966.

AMORIM, Deolindo. *Relembrando Deolindo-II*. Rio de Janeiro/RJ: CELD, 1994.

------------------. *O Espiritismo à Luz da Crítica*. Rio de Janeiro: CELD, 1993.

ANDRADE, Hernani Guimarães. *A Transcomunicação Através dos Tempos*. São Paulo: Editora Jornalística Fé, 1997.

AKSAKOF, Alexandre. *Animismo e Espiritismo*. Volume II. 3ª ed. Rio de Janeiro: FEB, 1978.

CARVALHO, Antonio César Perri de. *In Anuário Espírita 1979*, IDE/Instituto de Difusão Espírita.

------------------. FILHO, Osvaldo Magro. *Entre a Matéria e o Espírito*. Matão/SP: O Clarim, 1990.

CROOKES, William. *Fatos Espíritas*. 6ª ed. Rio de Janeiro: FEB, 1971.

DENIS, Léon. *No Invisível*. 7ª ed. Rio de Janeiro: FEB, 1973.

DOYLE, Arthur Conan. *História do Espiritismo*. São Paulo: Ed. Pensamento-Cultrix, 1996.

EDMONDS, I.G. *D.D.Home: O Homem que Falava com os Espíritos*. São Paulo/SP: Ed. Pensamento.

GUIA de Fontes Espíritas – Obra de Referência. *Índice de assuntos e de nomes encontrados em livros publicados pela FEB/ Federação Espírita Brasileira*. Rio de Janeiro:FEB, 2001.

IMBASSAHY, Carlos. *O Espiritismo à Luz dos Fatos*. 3ª ed. Rio de Janeiro: FEB, 1983.

KARDEC, Allan. *A Gênese*. 36ª ed. Rio de Janeiro: FEB, 1995.

------------------. *O Livro dos Médiuns*. 69ª ed. Rio de Janeiro: FEB, 2001.

------------------. *Revista Espírita 1858*. Rio de Janeiro: FEB, 2004. Tradução de Evandro Noleto Bezerra.

------------------. *Revista Espírita 1862*. Rio de Janeiro: FEB, 2004. Idem.

------------------. *Revista Espírita 1863*. Rio de Janeiro: FEB, 2004. Idem.

------------------. *Revista Espírita 1864*. Rio de Janeiro: FEB, 2004. Idem.

------------------. *Revista Espírita 1869*. Rio de Janeiro: FEB, 2004. Idem.

LOUREIRO, Carlos Bernardo. *Dos Raps à Comunicação Instrumental*. Rio de Janeiro: Soc. Ed.Lorenz, 1993.

MIRANDA, Hermínio C. *Sobrevivência e Comunicabilidade dos Espíritos*. Rio de Janeiro: FEB, 1977.

------------------. *Reencarnação e Imortalidade*. Rio de Janeiro:

FEB, 1976.

MISTÉRIOS do Desconhecido – *Evocação dos Espíritos.* Rio de Janeiro: Abril Livros.

OWEN, Robert Dale. *Região em Litígio entre este Mundo e o Outro.* 2ª ed. Rio de Janeiro: FEB, 1938.

O MUNDO PARANORMAL – *A Parapsicologia Explicada –* Fascículo 4. São Paulo: Editora Três Ltda.

TAVARES, Clóvis. *Mediunidade dos Santos.* Araras/SP: IDE, 1988.

WANTUIL, Zêus. *As Mesas Girantes e o Espiritismo.* 2ª ed. Rio de Janeiro: FEB, 1978.

# BIBLIOGRAFIA COMPLEMENTAR ACERCA DO MÉDIUM DANIEL DUNGLAS HOME

**Citados na página *www. wikipedia.org*: (Acesso em 12 de novembro de 2007);**

*Incidents In My Life* (Acontecimentos em Minha Vida) - A "autobiografia" de Home, em formato PDF (em inglês).

*Experiences In Spiritualism with D. D. Home* (Experiências em Espiritualismo com D. D. Home) - O relatório de Lord Adare sobre as sessões de Home, lamentavelmente incompleto, em formato PDF (em inglês).

*Experimental Investigations of a New Force* (Investigações Experimentais sobre uma Nova Força) por William Crookes, 1871 (em inglês).

*Home, Daniel Dunglas - An Encyclopedia of Claims, Frauds and Hoaxes of the Occult and Supernatural* (Home, Daniel Dunglas - Uma Encicopédia de Alegações, Fraudes e Truques do Oculto e do Sobrenatural) por James Randi (em inglês).

*Icarus Effect Demo Video"* (*Vídeo de Demonstração do Efeito Ícaro*).

Crookes, William. 1874. "Notes of an Enquiry into the Phenomena called Spiritual during the Years 1870-1873". (Anotações de uma Pesquisa sobre os Fenômenos denominados Espirituais durante os anos 1870-1873) *Quarterly Journal of Science.* (Jornal Trimestral de Ciência).

Doyle, Arthur Conan. *The History of Spiritualism.* (A História do Espiritualismo) New York: G.H. Doran, Co. Volume 1: 1926 Volume 2: 1926.

*Incidents in My Life* (Acontecimentos na Minha Vida) por Daniel Dunglas Home, 1864.

*Lights and Shadows in Spiritualism* (Luzes e Sombras no Espiritualismo) por Daniel Dunglas Home, G.W. Carleton, 1877.

*Experiences In Spiritualism with D. D. Home* (Experiências em Espiritualismo com D. D. Home) pelo Visconde Adare, 1869, Arno Press, 1976, reimpressão de uma edição estendida de 1871.

*The First Psychic: The Extraordinary Mystery of a Victorian Wizard* (O Primeiro Psíquico: O Mistério Extraordinário de um Bruxo Vitoriano) por Peter Lamont, Time Warner Books UK, 2005, uma extensa biografia por um historiador premiado da história britânica.

*Mediums of the Ninteeth Century* (Médiuns do Século Dezenove), Segundo Volume, Livro Quarto, Capítulo Três, *Daniel Dunglass Home* e Capítulo Quarto, *Havia Alucinação?* por Frank Podmore, University Books, 1963, reimpressão da edição de 1902 de *Moderno Espiritualismo.*

*The Newer Spiritualism* (O Espiritualismo Mais Novo) por Frank Podmore, Arno Press, 1975, reimpressão da edição de

1910.

*ESP,Seer & Psychics: What the Occult Really Is* (ESP, Vidente e Psíquicos: O Que é de Fato o Oculto) por Milbourne Christopher, Thomas Crowell, 1970.

*Trevor Hall. (1984). The Enigma of Daniel Home: Medium or Fraud? Buffalo, NY: Prometheus Books.*

*www.mundoparnormal.com/docs/parapsicologia/levitacion.htmll*

*www.espiritismogi.com.br/biografias/daniel_dunglas_home.html*

No *site*www.sdu3.com/books.htm, acessado em 20 de novembro de 2007, localizamos publicidade da obra THE COMPLETE D.D.HOME, conforme dados abaixo, do próprio site, em inglês:

**THE COMPLETE D. D. HOME** in two volumes

*D. D. Home was probably the best physical medium Modern Spiritualism has ever seen. His mediumship astonished the world. These two volumes bring together, for the first time, all his own writings and those of his wife.*

**VOLUME I** This edition 2007, 839 pages, 1 picture, paperback Books by D. D. Home Incidents in My Life - First Series 1863 Incidents in My Life - Second Series 1872 Lights and Shadows of Spiritualism 1877.

**VOLUME II** This edition 2007, 619 pages, 1 picture, paperback Books about D. D. Home by Madame Dunglas Home D. D. Home: His life and Mission 1888 The Gift of D. D. Home 1890.

# Dica de Leitura

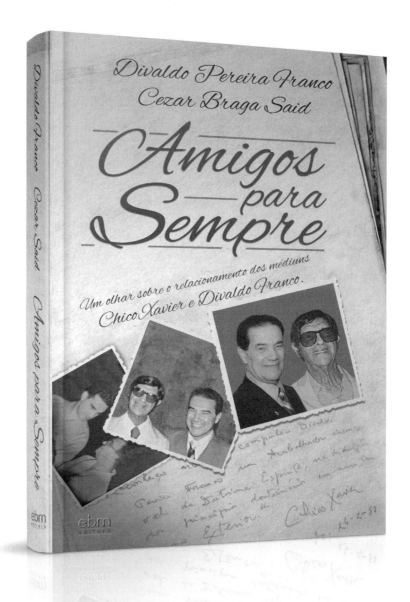

A obra, que traz ao conhecimento do público a correspondência entre Chico e Divaldo, revela detalhes e peculiaridades que somente essas duas almas abnegadas poderiam apresentar. Por meio dessas cartas enviadas a Divaldo, Chico o estimulava a prosseguir em suas tarefas no campo da oratória, da psicografia e na área da promoção assistencial espírita.

São páginas que procuram retratar o carinho, o respeito e a ternura de um para com o outro, culminando em uma amizade que o tempo, as intrigas, os equívocos e as comparações não lograram destruir, ao contrário, apenas fortaleceram os laços de afeição e de admiração entre ambos, à luz do Evangelho e do Espiritismo.